武氏祠汉画像诠释

济宁干部政德教育学院 编

齊魯書社

图书在版编目（CIP）数据

武氏祠汉画像诠释 / 济宁干部政德教育学院编.--
济南：齐鲁书社，2020.12
ISBN 978-7-5333-4407-8

Ⅰ.①武… Ⅱ.①济… Ⅲ.①武梁祠画像石－研究
Ⅳ.①K879.424

中国版本图书馆CIP数据核字（2020）第247693号

责任编辑：贺　伟
特约编辑：张玉杰
封面设计：丁　娟
版式设计：赵萌萌

武氏祠汉画像诠释
WUSHICI HANHUAXIANG QUANSHI
济宁干部政德教育学院　编

主管单位	山东出版传媒股份有限公司
出版发行	齊魯書社
社　　址	济南市英雄山路189号
邮　　编	250002
网　　址	www.qlss.com.cn
电子邮箱	qilupress@126.com
营销中心	（0531）82098521　82098519　82098517
印　　刷	山东临沂新华印刷物流集团有限责任公司
开　　本	720mm×1020mm　1/16
印　　张	14.5
插　　页	4
字　　数	170千
版　　次	2021年2月第1版
印　　次	2021年2月第1次印刷
标准书号	ISBN 978-7-5333-4407-8
定　　价	30.00元

《武氏祠汉画像诠释》编写人员

主　　编：姜永伟　李敬学

副 主 编：邱印江　乔　明　于长海

执行主编：沈效敏　王来说

文稿编辑：种淑娴　李国斌　孔繁鹏

　　　　　汪亚洲　黄　云　张玉宝

供　　图：谢珊珊

前 言

2013年11月，习近平总书记视察山东，视察济宁，做出大力弘扬中华优秀传统文化的重要指示，强调“国无德不兴，人无德不立”。在党的十九大报告中，习近平总书记进一步指出，中国共产党从成立之日起，既是中国先进文化的积极引领者和践行者，又是中华优秀传统文化的忠实传承者和弘扬者。要深入挖掘中华优秀传统文化蕴含的思想观念、人文精神、道德规范，结合时代要求继承创新，让中华文化展现出永久魅力和时代风采。2018年3月以来，习近平总书记进一步强调“领导干部要讲政德”，要“加强政德修养、打牢从政之基”，提出要用历史文化和革命文化资源来加强干部队伍建设，努力培养更多好干部。

为深入学习贯彻习近平总书记重要讲话的重要指示精神，我们充分发挥济宁传统文化资源富集的优势，积极探索把以儒家思想为代表的中华优秀传统文化创造性地应用到干部教育培训中，“以古人之规矩，开自己之生面”，精心打造干部政德教育基地，逐步形成课堂教学、现场教学、体验教学、礼乐教学“四位一体”的教学模式，在培育提升干部为政之德、建设忠诚干净担当干部队伍方面发挥了很好作用。

2016年7月，山东省委组织部在济宁干部政德教育学院召开教学体系建设专题研讨会，对加快干部政德教育基地建设，进一步提升干部政德教育水平作出规划部署，提出构建一套周密完备的课程体系、设计一套灵活多样的教学模式、编写一套适用性强的辅助教材、营造一个儒韵深厚的教学环境、组建一支高素质的师资队伍的“五个一”的目标任务。2018 年 5 月，山东省委组织部又在济宁干部政德教育学院召开《干部政德教育丛书》编撰工作座谈会，组织有关专家、学者研讨系列教材编撰提升工作。在教材编写方面，我们根据学员需求，结合教学实际，组织专家团队集中精力编撰《干部政德教育丛书》，主要包括《论语》《孟子》等经典译注和《干部政德教育现场导学词》等系列教材。《丛书》编撰坚持以习近平新时代中国特色社会主义思想为指导，认真贯彻落实习近平总书记关于弘扬中华优秀传统文化的重要指示精神，坚持创造性转化、创新性发展的“两创”方针，紧紧围绕“讲清楚每个国家和民族的历史传统、文化积淀、基本国情不同，其发展道路必然有着自己的特色；讲清楚中华文化积淀着中华民族最深沉的精神追求，是中华民族生生不息、发展壮大的丰厚滋养；讲清楚中华优秀传统文化是中华民族的突出优势，是我们最深厚的文化软实力；讲清楚中国特色社会主义植根于中华文化沃土、反映中国人民意愿、适应中国和时代发展进步要求,有着深厚历史渊源和广泛现实基础”的“四个讲清楚”的重大课题，坚持古为今用、推陈出新，阐发中华优秀传统文化的思想精髓和当代价值，帮助干部从中华优秀传统文化凝结的哲学思想、人文精神、道德理念中汲取滋养，培育提升为政之德。

武氏墓群石刻，俗称武氏祠，是东汉武氏家族墓地上的一组石刻建筑艺术珍品，其汉画像生动形象地反映了汉代及其以前的政治、经济、文化、社会诸多方面的状况，是一部刻在石头上的文明史，是汉代及其之前的百科全书。它在某种程度上彰显出中华民族的历史传统和深厚文化积淀，体现出中华民族最深沉的精神追求，展现出中华优秀传统文化的突出优势和中华民族深厚的文化软实力，说明了中国特色社会主义是植根于中华文化沃土之上的、有着深厚历史渊源和广泛现实基础的。编撰《武氏祠汉画像诠释》一书，其目的是深入挖掘武氏祠汉画像中蕴含的文化内涵和思想内涵，落实习总书记关于“四个讲清楚”的要求，针对干部政德教育所需，努力实现武氏祠汉画文化的“创造性转化、创新性发展”。期望广大读者能通过此书，进一步增强文化自信，提高政德素养，为建设新时代中国特色社会主义增添力量。

编 者

二〇二〇年十月

目 录

概 述

一

勤劳勇敢的中华民族，创造了五千多年灿烂辉煌的中华文化。坐落于山东省嘉祥县纸坊镇武翟山北麓的武氏墓群石刻，就是中华文化宝库中的稀有瑰宝。

武氏墓群石刻，俗称武氏祠，是东汉武氏家族墓地上的一组石刻建筑艺术珍品，包括四十四块汉画像石和一对石狮、一对石阙、两块汉碑。其画像生动形象地反映了汉代及以前的政治、经济、文化、社会诸多方面的状况，是一部刻在石头上的文明史，是汉代及之前的历史文化百科全书。武氏祠作为家族墓地建筑，出土汉画像石数量之多、题材之广泛、思想之深邃、雕刻之精美，居全国之首。1961 年被国务院公布为第一批全国重点文物保护单位。联合国教科文组织称其价值超过了同时期埃及的石刻和希腊的瓶画，堪称世界一绝。

武氏祠汉画像，在古今中外都有着极高的关注度，一直是名人大家、专家学者研究的重点。唐宋八大家之一的欧阳修，在他的《集古录》中最早记录了武氏祠中的两块汉碑。后来，宋代赵明诚所写的《金石录》及洪适的《隶释》《隶续》都对武氏祠进行过专门研究。元、明时期，由于黄河多次泛滥，石室被淹没在地下，清乾隆五十一年（1786年），黄易在此地发现了一对石阙和武梁祠堂，再次震惊了金石学界。清代学者翁方纲对武氏祠做了深入研究，并写有《重立汉武氏祠石记》。近现代以来，中外学者也多关注武氏祠。文坛巨匠鲁迅一生收藏汉画像石拓片600余幅，其中就有许多武氏祠的拓片。郭沫若曾三次到访嘉祥武氏祠。在世界上，法国学者爱德华·沙畹于1891年访问武氏墓地，两年后出版了《中国汉代石刻》。1907年前后，日本学者关野贞、大村西崖等先后专程来武氏墓地进行考古调查，对武氏祠画像石刻给予很高的评价。1934年，美国汉学大师费正清的夫人费慰梅女士在考察武氏祠后，发表了论文《汉“武梁祠”建筑原形考》。著名艺术史家、芝加哥大学教授巫鸿1989年出版的《武梁祠》一书，曾获得全美亚洲研究协会“列文森中国研究书籍奖”。美国哈佛大学和意大利威尼斯大学都专门设有武氏祠研究所。

武氏祠的许多画像，已成为中国古代艺术的标志性图案。如陕西黄帝陵的黄帝像，联合国水利馆中的《大禹塑像》，《中国大百科全书》中的《伏羲女娲图像》及高校历史教材中的《荆轲刺秦王》等，都是取自这里。一些汉代题材的影视剧，如《三国演义》《汉刘邦》《汉武大帝》等，其剧中的生活场景、战争场面、服饰礼仪等，许多以武氏祠的汉画像为依据。

二

武氏祠汉画像的产生，有着深厚的根源和基础。

第一，雄厚的经济基础。汉朝是我国历史上空前强盛的朝代。西汉的爰戚县城、东汉的金乡县城，都在武氏祠附近，这里水源充足，土地肥沃，大野泽的大片土地得到开垦，使这一区域成为汉代最发达的地区之一。汉景帝之后，这里又是区域政治的中心。汉景帝、汉武帝都曾把子侄（刘定、刘髆）封于昌邑，昌邑国距武氏祠仅数十公里，昌邑王刘贺曾一度当过皇帝。汉武帝在郡以上设刺史部（州）以后，兖州治所一直在昌邑（今山东巨野县东南）。昌邑的繁盛直接辐射到嘉祥这个地方，嘉祥大蒜就是兖州刺史李恂从原籍甘肃带来蒜种进行培育的。武氏祠汉画像石刻就反映了当时这里的繁荣景象。

第二，丰厚的文化资源。汉代文化由华夏各个区域文化融合而成，其内核部分则是由齐鲁文化、荆楚文化和中原文化三大文化板块构成。而武氏祠地区正处于三大文化板块的交会处。东是以儒家文化为代表的齐鲁文化，嘉祥不仅是宗圣曾子的故里，还是孔子重要弟子冉耕、冉雍、冉求以及申枨、商瞿、商泽的故乡，是儒家文化的重要发祥地。西是中原文化，以三晋文化为主。春秋后期，晋国的势力已到了嘉祥县境；战国时期，魏国曾经占领过这里。还有黄河水路，加强了与中原的联系。南是荆楚文化，春秋战国时期楚国几次北侵，势力范围曾经到达这里。秦末这里成为汉刘邦活动的中心地区，促进了三大文化的融合。汉代这里又是经济最发达的地区之一，各个区域文化在这里融汇后得到充分发展。

第三，成功的壁画传承。在墙上作画，在我国很早就有。《左传·宣公二年》载："晋灵公不君，厚敛以雕墙。""雕墙"可能是在墙上雕刻画。汉宣帝绘霍光、赵充国、苏武等大臣像于麒麟阁，东汉明帝将开国二十八将之像绘于云台，用以表彰功臣。在古文献中关于画像的记载也不乏其例，如《汉书·杨恽传》《汉书·金日磾传》等。王延寿的《鲁灵光殿赋》也对壁画作过生动的描述。这种壁画传统在嘉祥得到了较早的继承和发展。《水经注·济水》记载：“黄水东南流，水南有汉荆州刺史李刚墓。……有石阙、祠堂、石室三间……四壁隐起，雕刻为君臣、官属，龟龙麟凤之文，飞禽走兽之像，作制工丽。”这段文字之前，提到“薛训渚”，薛训渚在嘉祥县城萌山下；这段文字之后，有“西狩获麟于是处”之文，嘉祥县即以“西狩获麟”而得名。看来，李刚墓距武氏祠很近。《太平御览》卷四十二又载：“戴延之《西征记》曰：焦氏山北有数山，汉司隶校尉鲁恭，穿山得白蛇白兔，不葬，更葬山南，凿而得金，故曰金乡山。山形峻峭，冢前有石祠石庙，庙四壁皆青石隐起，自书契以来，忠臣孝子贞妇，及孔子弟子七十二人形像，像边皆刻石记之，文字分明。”武氏祠北距焦氏山不过4公里。

第四，厚葬风气的助力。把家族墓地造得如此豪华，也与当时的厚葬风气有关。自西汉以降，朝廷大力推崇孝道思想，选拔官员实行举孝廉制度，只要行孝突出的人就可以通过推荐出仕做官。不孝之人就无法做官，在社会上也不被认可，因此为了标榜自己的孝道，有的人甚至借钱厚葬先人。“厚葬为德，薄终为鄙”逐渐成为人们崇尚的观念，社会上也出现了“生不奉养，死而厚葬”的反常现象。到东汉时期，厚葬成为社会风气。武氏墓群石刻正是这种社会风气催生的产物。

第五，优越的资源条件。武氏祠所处的嘉祥县，有大小山头115座，所产天青石石质细腻，脆韧且坚，是雕刻的天然优质材料。取用方便的优质石料资源必然会推进石雕汉画的发展。

三

东汉武氏一家，是商朝第23位帝王高宗武丁之后。从现存碑文和石阙铭文可知家族成员有四代11人，分别为：第一代母；第二代长兄武始公、二弟武梁绥宗、三弟武景兴、四弟武开明；第三代武梁之子武季章、武仲章、武季立，武开明之子武斑、武荣；第四代武梁长孙武子侨。其中为官者4人：

武梁（78—151年），字绥宗。官至从事，精通韩《诗》，兼通《河》、《洛》、诸子传记。未成年就开始讲学，诲人不倦。州郡请召，托辞有病而不就。

武开明（91—148年），武梁弟。永和二年（137年）举孝廉，任郎官、谒者。汉安二年（143年）升任大长秋丞、长乐太仆丞。永嘉元年（145年）丧母去官，复拜郎中，最后至吴郡府丞。

武斑，字宣张。武开明长子。官居敦煌长史，立有战功。

武荣，字含和。武开明次子。少年时即精读不少经史书籍，年长后做过州书佐、郡曹吏、主簿、督邮、五官掾、功曹、守从事等官。36岁时汝南蔡太守察举孝廉，由郎中迁执金吾丞。桓帝去世时屯守玄武门，遭疾卒。

武梁官从事（刺史佐官），武开明官郡丞（太守佐官），武斑官长史（边郡太守佐官）、武荣官执金吾丞（掌管京师治安的佐官）。武氏一家，数人官至千石，可谓官宦世家。

武氏家族墓地，俗称武家林，由林门（有石狮、石阙等）、神道和诸墓（包括墓碑、祠堂）组成。其整体结构为：最前面是石狮，石狮后面是石阙，石阙后面是神道，神道后面是诸墓。具体到每座墓，最前面是祭坛，祭坛后面是祠堂，祠堂后面是墓碑，墓碑后面是坟墓。

林门最前门是一对石狮。石狮后面是一对石阙。此阙如今仍保存在原处，形制为重檐复体，即正阙旁依子阙，错落有致、雄伟大方。阙高 4.3 米，两阙相距 6.15 米，其间横置一条石门限，门限中央立一圆首石橛。石阙的基座、阙身、栌斗等部位都刻有画像或花纹。雕刻采用减地平面线刻技法。从西阙正面的题铭可知，石狮、石阙建于东汉桓帝建和元年（147 年）。

从文献记载和现存遗迹可知，武氏家族墓地原有汉代墓碑 5 块。由此推断，此墓地至少葬有 5 人。其中一块无字碑不知属何人，其余 4 人分别是武梁、武开明、武斑、武荣。

祠堂位于墓碑之前，是对地下墓葬中死者进行祭祀的地面建筑。汉代木结构祠堂已毁，只有石祠堂及其构件保存了下来。嘉祥武氏家族墓地的祠堂，历经千年的沧桑巨变，整体祠堂早已不存，作为祠堂构件的画像石也已埋入地下。清朝乾隆年间，黄易等人首先发掘出武梁祠画像石，后又次第发掘出 3 处比较集中的画像石，认为应是 3 个石室祠堂。除武梁祠仍用其名外，又根据与武梁祠的位置关系，将余者分别定名为前石室、后石室、左石室。黄易等人还对所得 48 块汉画像石进行了编号：武梁祠三石、前石室十三石、后石室十石、左石室九石、其他十三石。其中，其他第八石“孔子见老子”一石移至济宁明伦堂（今济宁市博物馆），左石室第一石、其他第十二石、其他第十三石流散国外。现今武氏祠尚存汉画像石 44 块。

中国汉画像石研究专家、山东省文物局原副局长蒋英炬研究员，山东省考古研究所吴文祺研究员，在美国学者费慰梅等复原研究的基础上[①]，进一步全面考察并重新配置复原，认定武氏墓群石刻虽不排除有四个石室的可能性，但现存的四十余块画像石是武梁祠、前石室、左石室三座祠堂上的构件和其他零星的画像石[②]。

专家们根据祠内画像、榜题与碑文内容推定，三座祠堂的主人：武梁祠属于武梁，前石室属于武荣，左石室为武开明。

墓地内墓葬的布局，是坐南朝北行穴，主墓居最南部；往北是武梁、武开明兄弟平列，武梁居右而武开明居左；武荣为武开明之子，又居武梁、武开明之北。

至于武斑祠，因为已无实物存在，不好推断。但是，武氏墓地上并不排除有第四座祠堂，如在三座祠堂建筑配置以外的“左石室第一石”（包括其左段的“王陵母画像”石），其形制像横贯祠堂后壁的长条石；“有鸟如鹤”的祥瑞图残石，是一块背刻瓦垄的屋顶石，形制又与前石室、左石室的屋顶石有别。两石的雕刻技法、风格，都和武氏祠画像石一样。所以，它可能是武氏墓地上又一座祠堂的构件。

武氏祠堂的形制分两种，武梁祠为单开间悬山顶房屋式，前石室、左石室为双开间悬山顶后壁有龛式。

武梁祠，面宽 2.41 米，深 1.57 米，高约 2.4 米。前面敞开，不设门扉，山墙锐顶，屋顶两面坡，上刻瓦垄，檐头刻出连檐、瓦当。武氏祠由东西壁的山墙、后壁、屋顶前坡和后坡构成。祠内三壁和屋顶上都刻满了画像。根据武梁碑文记载，武梁死于元嘉元年（151 年），

① 费慰梅《汉“武梁祠”建筑原形考》，《中国营造学社汇刊》1944 年第 7 卷第 2 期。

② 蒋英炬、吴文祺《武氏祠画象石建筑配置考》，《考古学报》1981 年第 2 期；《汉代武氏墓群石刻研究》，山东美术出版社 1995 年版。

该祠应建于此时。

在画像内容和布局等方面，武氏祠堂有明显的共同特征：

第一，比较规范和固定化，并具有一定空间方位的意义。从画像内容和所处的位置看，一座祠堂就像包含了一个天上、人间的大宇宙空间，体现着当时人们的空间观和五行方位观。三座武氏祠堂，顶部都刻有天上的神灵、日月星辰和祥瑞图像等，以表示天空世界和天降祥瑞。两壁的锐顶部位，都有西王母或东王公等仙人画像，象征着仙人所在的神仙世界。祠壁的其他部位，从上而下依次刻有历史故事和生活题材的画像。一般西壁多刻有战争、狩猎等画像，东壁多刻有乐舞、庖厨等画像。在祠壁下部，通常是一列横贯三壁（或只在后壁）的车骑出行的画像。而在祠堂的后壁或后壁的中央部位，往往有一幅相似的楼阁人物画像，以象征受祭祀的祠主。

第二，都采用分层、分格的布局，即从上而下用横栏或花纹带将石面分为数层，每层画像主题内容相同或相近，在有限的面积内呈现出繁多的物象。分层的花纹带具有统一性和连贯性，不仅使祠内画像层次分明，而且极具整齐、华丽的装饰效果。整个武氏祠雕刻技法采用的是平面浅浮雕。

武氏祠汉画像石以其珍贵的考古价值和高超的艺术审美一直吸引着许多中外学者的注意，其作为中国美术史上著名的个案，不仅是画像石这一艺术门类的代表，在艺术手法上，也是中国雕刻艺术早期的代表作。武氏祠汉画像石反映了汉代的艺术精神有一种“席卷天下，包举宇内”的雄伟气魄，体现了中华民族初步形成时期特有的积极进取的乐观主义精神。武氏祠的工匠们以巧妙奇特的构图布局、丰富的想象力、端庄厚重又富于张力的造型、高超的雕刻工艺，使武氏祠画像石具有巨大的视觉冲击力，其丰富的艺术表现形式产生出震撼的艺术效果。武氏祠画像在思想意识、艺术手法和美术理念等方面都对中国古代美术产生过重大影响。在题材上，它树立了“美”与“善”的结合方式；在艺术手法上，它强调了以“气”充实人物的塑造方式；在理念上，直接启示了中国美术对主体心灵的重视和强调。

四

武氏祠汉画像，犹如一部别开生面的历史典籍，内涵博大精深，包含了政治、经济、文化、军事和社会伦理道德等诸多方面的内容，大致可以归结为六类：

一是神话传说类，包括西王母、东王公、雷神出行、北斗星君出巡、海神出战、风云之神出行、神人出行、东王公相会西王母、神人操蛇、秦王泗水捞鼎等。

二是祥瑞灵异类，包括铺首衔环、神鼎、琉璃璧、玄圭、银瓮、浪井、玉英、木连理、蓂荚、麒麟、青龙、白虎、朱雀、玄武、黄龙、比翼鸟、三足乌、仙鹤、白鹿、天吴、六足兽、白鱼、比肩兽、比目鱼、泽马等。

三是历史人物类，包括远古帝王伏羲、女娲、祝融、神农、黄帝、帝喾、帝尧、帝舜、夏禹、夏桀以及文王十子、孔子弟子等。

四是为政故事类，包括周公辅成王、信陵君求贤、管仲射小白、二桃杀三士、钟离春说齐王、曾母投杼、蔺相如完璧归赵、范睢（或作雎）辱魏须贾、赵盾喂灵辄等。

五是德行故事类，包括孔子与项橐、孔子见老子、孔子遇丈人、曾子质孝、闵子骞失棰、老莱子娱亲、丁兰供木人、魏汤报仇、孝孙原谷、韩柏榆被笞、邢渠哺父、董永卖身侍父、朱明悌让、金日磾拜阏氏、伯游孝亲、虞舜登梯修粮仓、曹沫劫齐桓公、专诸刺吴王、荆轲刺秦王、要离刺庆忌、豫让刺赵襄子、聂政刺韩王、梁节姑姊、齐义继母、京师节女、梁高行、鲁秋胡戏妻、鲁义姑姊舍儿、楚昭贞姜待符、三州孝人、义浆羊公、赵氏托孤、李善保幼主、季札挂剑、柳下惠坐怀不乱、王陵母等。

六是现实生活类，包括楼阁燕居、车马出行、狩猎、庖厨、踏鼓舞、角抵戏、搏击、水陆攻战等。

五

武氏祠汉画像以追念前代、教育后代为目的，因而有着深刻的思想内涵：

第一，天人合一的宇宙观

武氏祠汉画像内容包罗万象，画像从伏羲女娲到祝融，到炎帝神农、统一各部的黄帝，到尧、舜的禅让天下，再到夏商周、春秋战国、秦汉统一，反映了汉代人的历史观念。画像还刻画了很多神仙灵异，有东王公、西王母、奇禽异兽、风伯雨师、羽人等，构成幻想的神仙世界，布置在祠堂东西两壁顶端和屋顶，反映了汉代人相信天人感应，即所谓“福祸之应，皆天也，人为之，天应之”，这些都体现了汉代人天人合一的宇宙观。

这种观念使画像中神仙世界成为重要题材，人们期望长生不老、羽化登仙，把一切寄托于神灵如西王母、东王公的庇佑。武氏祠山墙上刻画着的西王母、东王公等仙人灵兽的神仙世界，正是汉代人追求死后升仙的写照，表现为一种象征意义的图式。画像中还出现很多祥瑞，汉代人认为上天赐予符瑞以示天下太平、德治和谐，而如果抛掉了仁政德治，就会上下不和、阴阳失调，因此，人要顺天之道，循阴阳之理，实施仁政。

第二，仁政德治的从政理念

“仁政德治”是儒学思想体系中的重要组成部分。孔子就强调“为政以德，譬如北辰，居其所而众星共之”（《论语·为政》）。武氏祠中就有多幅画像反映“仁政德治”的具体主张，这些主张有的在画面上直接体现，有的在祥瑞图像中间接宣扬。

1. 民本思想。首先看帝王图中的前十位帝王。伏羲女娲是传说中人类社会的开创者。接下来的八位帝王：神农发明了农业和医药。黄帝造兵耕田、垂衣裳、立宫宅、创律历、兴文字、制乐器、演数学、作铸造、造舟车，使中华民族真正迈入文明时代。颛顼继承黄帝的事业。帝喾“顺天之义，知民之急，仁而威，惠而信”（《史记·五帝本纪》）。帝尧住茅草房，喝野菜汤，吃粗米饭，穿粗麻衣，却处处为民着想。夏禹新婚四天赴任治水，导九川，陂九泽，通九道，度九山，跋山涉水，艰苦卓绝，在外十三年，三过家门而不入。又如祥瑞灵异画像中有“泽马”的图像，据《宋书·符瑞志》：“泽马者，王者劳来百姓则至。”这是说人君为民操劳，才能得到人民的拥护。

2. 明王德治。为政故事画像中有“周公辅成王”，周公制礼作乐，制定并实行“敬天保民”“明德慎罚”的政治主张，为周王朝的统治奠定了基础。祥瑞灵异图像中，“木连理”榜题“王者德泽纯洽，八方为一家连理生”；“比肩兽”榜题“王者德及矜寡则至”；“神鼎”

榜题“不炊自熟”，《宋书·符瑞志》记“王者盛德则出”；“比翼鸟”榜题“王者德及高远则至”等。这些都是说，王者行德政方有祥瑞。

3. 纳谏杜谗。为政故事画像中有“钟离春说齐王”画像，描述了齐宣王虚心听取丑女钟离春的劝谏，不仅采纳她的主张还立她为王后，使齐国日益强盛；“曾母投杼”图，以“谗言三至，曾母投杼”的寓言故事，规劝君王不要听信谗言。规劝帝王重视民意、纳谏改过在祥瑞图像中也有反映。如“琉璃璧”榜题“王者不隐过则至”，示帝王不要隐瞒过失；“六足兽”榜题“谋及众则至”，示帝王决策，应当听取民众的意见。

4. 任贤远佞。为政故事画像，“管仲射小白”中的公子小白，做了齐国国君（齐桓公）后，不计私怨，重用曾经射杀自己未果的管仲，终成霸业；“信陵君求贤”中的信陵君，礼贤下士，得到义士侯嬴衷心辅佐，窃符救赵，打败秦军，救了赵国。祥瑞灵异图像中，“白马”榜题“王者任贤良则至”，示君王要任用贤良；“赤罴”，《宋书·符瑞志》记“赤熊，佞人远，猾奸息，则入国”，示要远离奸佞小人。

5. 反对暴政。帝王图像最后一位是夏桀，他手拿兵器骑于两妇人身上，表现出他的暴虐无道。“秦王泗水捞鼎”，讲的是传国之宝九鼎沦没泗水，秦始皇派众人打捞，即将捞出时鼎系突然被龙咬断，表达的是秦始皇行暴政，得不到上天的护佑。

第三，以德为先的人格要求

德行故事画像中有大量孝子、忠臣、义士、列女等题材，宣扬孝悌、忠信、节义、礼智等传统道德规范，倡导做道德高尚之人。

1. 圣贤。用圣贤形象引导人们积极向上。历史人物图像中的文王十子、孔子弟子，向人们展示良好的家教和师教是立德树人的重要途径。德行故事图像中的“孔子与项橐”“孔子见老子”表现了孔子虚心好学的精神，“孔子遇丈人”道出了孔子知“道之不行而行之”的坚忍不拔的奋斗精神。

2. 孝悌。汉代提出“以孝治天下”，大力提倡孝道，反映在武氏祠画像中，就是孝道故事画最多。如曾子质孝、闵子骞失棰、邢渠哺父、伯游孝亲等十多幅。

3. 忠信。刺客故事画像如“曹沫劫齐桓公”“荆轲刺秦王”“聂政刺韩王”等，赞扬为了效忠、为了报恩、为了兑现承诺而不惜献出生命的精神。“季札挂剑”画像则刻画了季札为守护诚信而献出自己心爱的宝剑的形象。

4. 节义。列女故事画像中的“鲁义姑姊”“梁节姑姊”“齐义继母”“京师节女”“梁高行”等都是仗义守节的典型。义士故事画像中的“义浆羊公”，在无终山八十里山路上施舍义浆，为行人解渴；“三州孝人”中三个身世孤单的人走到一起，相约为父子，两个年轻人像对待父亲一样孝敬年长的人。

5. 礼智。义士故事画像“柳下惠坐怀不乱”中的柳下惠，坚守“非礼不动”的信条；列女故事画像“楚昭贞姜待符”中的文姜为守约而被大水淹死。“虞舜登梯修粮仓”画像故事中虞舜的聪明机警，“二桃杀三士”画像故事中晏婴的智谋狡诈，“蔺相如完璧归赵”画像故事中蔺相如的勇武善谋，都被生动地展示出来。

第四，领先、丰硕的文明成果

武氏祠汉画像不愧为汉代及之前的百科全书，展现了古代中国丰厚的政治实践、经济成就、科技水平、精神文化生活。

1. 进步科学的政治实践。武氏祠展现了“文武并用”的治国方略。汉代提出了“罢黜百家，独尊儒术”的治国方针，把经过董仲舒改造的儒学作为国家的正统思想，并从血缘亲情入手，提出以孝治天下。武氏祠汉画像可以说是这一思想的精细图解。这种治国思想又以武力做后盾。汉代的军事实力，从轰轰烈烈的水陆攻战图可以看出。画像不仅描绘了犬牙交错、混乱厮杀的激烈战斗场面，也表现了有条不紊的指挥作战系统。关于社会治安，石阙画像中持戟持盾的门吏、全副武装的骑士巡逻，都有体现。“谋及众”（六足兽榜题）的决策机制，“举孝廉”（墓碑文）的选官制度，都体现了汉代成熟的政治运作机制。

2. 无与伦比的经济成果。武氏祠画像中描绘的豪华楼阁燕居图、场面宏大的庖厨宴饮图、浩浩荡荡的车马出行图、轰轰烈烈的狩猎图等，生动再现了汉代繁荣昌盛的社会生活画卷，展示了当时先进的生产力水平和无与伦比的物质文明。画像中的几个庖厨图，一般都刻有带烟囱的灶，灶上置甑。灶旁的壁上挂着猪头、猪腿、兔、鸡、鱼等。刻画的人物则有的人和面，有的人捉鸡。另一边有水井，井上有桔槔，有人在打水。男女主人分别坐在二楼和三楼上，仆役们用方案托着碗、盒、耳杯，通过楼梯，递饭菜到主人面前，伺候主人就餐。这固然是当时上层社会日常生活的真实写照，但也反映出汉代日常生活水平。

3. 领先世界的科技水平。汉代人作战使用的刀、枪、剑、戟、勾、矛、盾等在武氏祠画像中都有展现。据考证，汉代已熟练掌握了用于制造武器的“可锻铸铁”冶炼技术。在世界科技史上，直到 1709 年，英国人达比才发明了焦炭冶炼技术；1831 年，美国才出现了“黑心可锻铸铁”，都比中国晚了近两千年。武氏祠画像中的“北斗星君出巡”图，北斗七星整齐排列，四颗星组成车舆，三颗星组成车辕，星君坐于车内，是对北斗星传说的具体化。《尚书·尧典》载“期三百有六旬有六日，以闰月定四时，成岁”，我国在春秋时期就知道用十九年七闰月的方法来调整历法，早于古希腊人。足见我国古代天文知识的丰富、历法的先进。还有，医学上的扁鹊针灸、建筑上的桥梁楼阁、交通上的车马出行、纺织上的曾母投杼、制造业上的造车酿酒等，多种科学技术门类，都能够从武氏祠汉画像中找到前身。

4．丰富多彩的精神文化生活。武氏祠画像中有多处乐舞百戏图，其乐舞、建鼓、百戏、六博、格斗等画面，展示了当时丰富多彩的文化生活。其中的踏鼓乐舞技艺之高超，更是让人叹为观止。

武氏祠画像，再现了中华民族深厚的文化底蕴，是提升中华民族自豪感的最好教材。武氏祠画像所反映出的中华文明成果，有助于我们不断增强文化自信，实现中华民族伟大复兴的中国梦。

第一章　阙室石刻

在武氏家族墓地神道口的大门处有一对石阙，两侧是一对石狮。双阙在清乾隆年间以前，因黄水泛滥，黄土淤积，仅露出地面一米有余。20 世纪 60 年代，文物部门将双阙提升至现有地面，并就地建立了阙室保护室，后移至阙室内。阙室内除双阙、双狮外，还陈列着汉碑 2 块、清碑 11 块。

武氏石阙形制为重檐复体石阙，即正阙旁依子阙，错落有致，雄伟大方。阙高 4.3 米，两阙相距 6.15 米，中间横置一条石门限，门限中央立一圆首石橛。石阙的基座，阙身、阙斗等部位都刻有画像或花纹。画像主要刻于阙身四面，每面画像都由复合花纹组成统一的边饰，边饰以内以栏分层，刻有楼阁、人物、车骑、故事、神灵异兽、铺首等。

第一节　西母阙

阙高 340 厘米，底座东西宽 258 厘米，南北宽 140 厘米。上斗东西宽 200 厘米，最顶东西宽 110 厘米，西阙分母阙、子阙、阙斗、底座四部分。母阙身由三石叠成，其前、后、右三面各有画像，左面连接子阙。

一、西母阙阙身北面图像

图 1–1　西母阙阙身北面

石面高 204 厘米，宽 116 厘米。画分四层：第一层刻车骑，第二层刻孔子与项橐故事图，第三层刻铺首衔环，第四层刻铭文。画面四周饰连弧纹、陶纹、双菱形纹。（见图 1–1）

1. 车骑

【图像】

图 1–2

左边一骑者为车前导，右边为一单马拉的辎车，向左行驶。车帷中伸出一人的头部。（见图 1–2）

【图义】

车骑即车马，古代的交通工具。《礼记・曲礼上》载：“前有车骑，则载飞鸿。”此处由于石面限制，仅一车一骑。武氏祠画像中车骑出行图出现多处，皆成行成列，具有明显的特征：一是构图明朗，车马排列整齐，无论导骑、从骑人数多寡，都整齐不乱；二是驾车之马、单骑之马都昂首奋蹄，向前直奔，给人一种动感和力量；三是以古拙的笔法线条入画，马身浑圆肥壮，马腿细长，平面的构图让人产生立体的感觉，使马看起来灵动而坚定有力。

2. 孔子与项橐

【图像】

画面站立四人。最右方为项橐，左手推一玩具车，右手上举，面向左，抬头与对面的孔子交谈。孔子躬立面向项橐。左边二人相对而语，应为孔子弟子，似乎在交流如何回答项橐的提问。（见图 1–3）

图 1–3

【图义】

关于孔子与项橐的记载，最早见于《战国策·秦策五》：“甘罗曰：‘夫项橐生七岁而为孔子师，今臣生十二岁于兹矣！君其试臣，奚以遽言叱也？’”《孔子项橐相问书》记载：有一次，孔子与弟子坐着马车出门，在途中看到许多孩童在路边嬉戏。其中有个叫项橐的小孩在道路上独自玩筑城的游戏。孔子的弟子便走到小孩身边，告诉他车子要经过，请他到道路旁玩，只见项橐理直气壮地对他们说：“我只听过马车绕着城走，没听过拆城让马车过的道理。”孔子听了小孩的话，便对他说：“你小小年纪，却懂得很多啊！”项橐回答：“小鱼生下来就可以在水中自在地游来游去，而兔子生下三天，就能跑好远，我的年纪比它们都大，当然应该懂很多事了。”孔子听到项橐不服气的回答，便决定考考他：“你知道什么山没石头吗？什么树没树枝吗？什么火没有烟吗？”项橐听后不慌不忙答道：“土山没石头，枯树没树枝，萤火没有烟。”孔子对这孩子的智慧感到惊奇！项橐不容孔子多想，反问他说：“现在轮到我考你了。鹅和鸭为什么能浮在水面？雁和鹤为什么善于鸣叫？松柏为什么冬夏常青？”孔子答道：“鹅和鸭浮在水面上，是因为脚是方的；雁和鹤善于鸣叫，是因为它们的脖子长；松柏冬夏常青，是因为它们的树心坚实。”项橐大声说：“不对！龟鳖能浮在水面上，难道是因为它们的脚是方的吗？青蛙善于鸣叫，难道是因为它们的脖子长吗？胡竹冬夏常青难道是因为它们的茎心坚实吗？”孔子觉得这孩子知识渊博，连自己也辩不过他，只得拱手连声道：“后生可畏，后生可畏！”驾车绕道而过。

【评述】

孔子以博学著称，被尊为圣人，可他不仅没有轻视项橐这个七岁小儿，反而虚心拜他为师。“圣人无常师”（唐·韩愈《师说》），据《论语》《史记》《左传》《礼记》等文献记载，除项橐外，孔子明确拜学过的人还有老子、郯子、苌弘、师襄等，学习的内容涉及各个领域。孔子拜项橐为师的故事告诉我们：人皆学而知之，非生而知之，孔子的知识渊博，亦是靠勤学好问得来的。学无止境，孔子讲“学而不厌，诲人不倦”（《论语·述而》），若要诲人不倦，必当“学而不厌”。“不耻下问”（《论语·公冶长》），闻道有先后，术业有专攻，寸有所长，尺有所短，应以能者为师，无分长幼。

3. 铺首衔环

【图像】

上角左右各立树。中间为一三角恶兽，口衔圆环。下面左右各有一虎，互衔对方尾巴，各有一后足插铺首环内。（见图 1–4）

【图义】

铺首是含有驱邪意义的传统门饰。过去，无论是帝王宫殿、高官府邸，还是平民百姓的小家小院，一般都要在院门的两扇大门中央装有一个类似门把手的门环或门坠，而衔着门环或吊着门坠、固定镶扣在大门上的底座叫作铺首，又叫门铺。相传铺首是龙所生九子之一，

图 1–4

警惕性高，故饰于门扇之上。据史料记载和考古发现，证明铺首的形象源自先秦的饕餮纹。铺首多为铜制，也有铁制者。铺首的造型多种多样，有简单有复杂，有大有小。它们既能当作门拉手及敲门物件，起实际作用，又能达到装饰、美化大门门面的艺术效果。

4. 铭文

【形制】

这里的铭文即《武氏石阙铭》，为一组八分铭文，原铭文已缺，现存文字录于《金石录》卷十四。铭文在铺首双龙衔璧画像下，共八行，行十二字，末行九字，共九十三字，所以也有人称“九十三字铭”。

【原文】

建和元年太岁在丁亥，三月庚戌朔四日癸丑，孝子武始公、弟绥宗、景兴、开明使石工孟孚（一作季）、李（一作季）弟卯造此阙：直（值）钱十五万。孙宗作师（狮）子，直（值）四万。开明子宣张仕济阴，年二十五曹府君察举孝廉，除敦煌长史。被病夭殁，苗秀不遂。呜呼哀哉，士女痛伤。

【释义】

由铭文可知，此石阙是武始公、绥宗、景兴、开明兄弟为他们的父祖墓地所建，铭文还记载了他们家族中敦煌长史武斑死于壮年一事。另外铭文还记载了石工的姓名及石阙、狮子的价值以及建造的时间（桓帝建和元年，147 年），为后人研究武氏墓地及武氏祠堂提供了重要依据。

二、西母阙阙身南面画像

图 1–5

石面高 202 厘米，宽 115 厘米。画分五层：第一层刻拜谒图；第二层刻一车一骑；第三层刻六冠服人物；第四层刻角抵戏；第五层刻

一车一骑。（见图 1–5）

1. 拜谒图

【图像】

图 1–6

画面六人，左一人右向，拱手站立。其前跪一戴斜顶高冠之人。跪者身后四人均手捧简牍站立。（见图 1–6）

【图义】

冠、婚、丧、祭、相见、乡饮酒为古代六礼，相见为六礼之一。《礼记·礼运》说："礼义也者，人之大端也。所以讲信修睦而固人之肌肤之会、筋骸之束也。"礼义是做人的头等大事。人们用礼来讲究信用，维持和睦，使彼此团结得就像肌肤相接、筋骨相连一样。《仪礼·士相见礼》分别规定了士相见、士见大夫、下大夫相见、上大夫相见、庶人朝见国君、士大夫朝见国君、他邦之人朝见国君等方面的礼仪。此图应是士拜见大夫的礼仪。

【评述】

中华民族历来重视礼仪文明，注重伦理和人际关系，素有"礼仪之邦"的美誉。礼仪在社会历史发展中，起着调节人际关系、促进社会发展的重要作用，即所谓"人无礼不往，事无礼不成，国家无礼不宁”。礼仪从小处说，它是人之所以为人的外在表现；从大处讲，它代表的是一种民族精神、国家的灵魂。古人云：“礼之所兴，众之所治也。礼之所废，众之所乱也。”因此礼仪可以说是“经国家、定社稷、序民人、利后嗣”的根本，所以古代先哲都主张“修正莫于礼”“修身必于礼”，主张通过强化礼仪的途径，把社会道德要求转化为广大群众可以接受的自觉行动，从而实现提高百姓素质的目的。在大力倡导构建和谐社会的今天，通过武氏祠拜谒图等了解礼仪的产生及其历史演变，对于加强社会主义精神文明建设、构建和谐人际关系、规范人们的行为举止、缓解社会矛盾、促进社会和谐，具有重要意义。

2. 角抵戏

【图像】

图 1–7

画面有五个人物，中间两人在表演角抵之戏。左面有观者一人；右面有观者二人，前为一大人，后为一小孩。（见图 1–7）

【图义】

角抵是古代一种类似摔跤、相扑的角力竞技游戏。《史记·李斯传》裴骃集解：“两两相当，角力、角伎艺射御，故曰角抵也。”以角抵为基础、有故事情节和配乐的武打娱乐活动称角抵戏，包括扛鼎、吞刀、吐火等各种杂技幻术，装扮人物的乐舞，装扮动物的“鱼龙曼衍”

及舞蹈和器乐演奏等，是综合性娱乐节目。《汉书·武帝纪》中记载，元封三年（前 108 年）春，皇家在京师举行角抵戏表演，“三百里内皆（来）观”。“角抵戏”当时还是朝廷招待宾客的主要表演项目。《汉书·西域传》记载：武帝时“设酒池肉林以飨四夷之客，作《巴俞》都卢、海中《砀极》、漫衍鱼龙、角抵之戏以观视之”。

【评述】

经济的发展带来文化的繁荣。此处及三个祠堂画像中都有乐舞百戏场景，这是汉王朝强盛的标志，也反映了当时文艺兴盛发达，人们精神生活富足。

三、西母阙阙身东面画像

画面高 206 厘米，宽 69 厘米。画分三层：第一层刻女娲图，第二层刻青龙图，第三层刻一人捧盾站立。中左有“武氏祠”三字。（见图 1–8）

1. 女娲

【图像】

图 1–8

图 1–9

画面一人，上身人形，下身蛇形，拱手向左，其前下部有一条直立的鱼。因为与之相对应的东阙阙身西面人身蛇尾人手持矩为伏羲，所以此人应为女娲。（见图 1–9）

【图义】

见第二章第二节“伏羲与女娲”。

2. 青龙

【图像】

面右，曲颈躬身，头伸向上方。前双足向上平行，后右足下蹬，左足上迈，尾下垂。（见图 1–10）

图 1–10

【图义】

青龙，起源于上古星宿崇拜。我国古代为了观测天象及日、月、星辰的运行，选取二十八个星官作为观测时的标志，称为“二十八宿”。把它们平均分为四组，每组七宿，与东、西、南、北四个方位和青龙、白虎、朱雀、玄武等动物形象相配，称为“四象”，道教名之为“四灵”。二十八宿合成的四象（四灵）受到人们尊崇，青龙、白虎、朱雀、玄武作为护卫神分别镇守天宫的四方，以辟邪恶、调阴阳。后世四象形象多出现在宫阙、殿门、城门或墓葬建筑及其器物上。

青龙，亦作“苍龙”，从先秦时代开始就是代表太昊与东方七宿的神兽。龙是中华民族的图腾，是中华民族的象征。从汉代开始，龙就被确定为皇帝的象征与代表。在传说中，青龙身似长蛇，麒麟首，鲤鱼尾，面有长须，犄角似鹿，有五爪，相貌威武。五行学照着阴阳五行给东南西北中配上五种颜色，东方色青，故名“青龙”。

【评述】

四象、二十八宿，是为观察日、月、星辰的运行，以制定历法而产生的，充分显示了我国古代先民的智慧：自然是在不断变化的，而这种变化是有规律可循的。而四象出现在墓地建筑上，主要是古人把四象作为保护神，震慑邪魔，保卫墓主的灵魂安宁。四象作为保护神的形象，延续至今，不过今天建筑上的四象，只能算是一种传统装饰物了。

四、西母阙阙斗画像

四面中，北、南、东三面都有画像。

阙斗北面画像，画面高 46 厘米，宽 132 厘米。画分左右两格，右格刻一兽，似为青龙，但头部已漫漶不清；左格刻一玄武身上缠蛇。蛇头和后半身已漫漶不清。画的上部刻小圆饼二十八行，每行三枚，圆饼内各刻一字，已不清。

西阙阙斗南面画像，画面高 44 厘米，宽 130 厘米，画分左右两格，右格所刻之物已漫漶不清，似一朱雀；左格刻一白虎，后身剥蚀。

西阙阙斗东面画像，画面高 45 厘米，宽 87 厘米。画面剥蚀，东部似为朱雀。上饰圆饼纹。

1. 玄武

【图像】

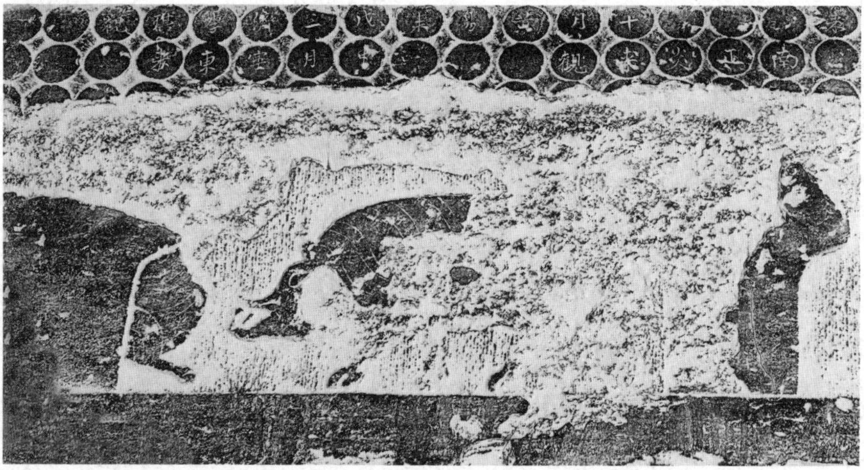

图 1–11

玄武由龟蛇组成。龟向左，行走状。一蛇从龟身下穿过，曲颈面向龟首。左上部有一飞鸟。（见图 1–11）

【图义】

玄武是一种由龟和蛇组合成的灵物，为四象之一。是代表颛顼与北方七宿的北方之神。玄武的本意就是玄冥，武、冥古音相通。玄，是黑的意思；冥，就是阴的意思。玄冥起初与龟卜有关：龟背是黑色的，龟卜就是请龟到冥间去询问祖先，将答案以卜兆的形式显示给世人。因此，最早的玄武是乌龟。以后，玄冥的含义不断扩大：龟生活在江河湖海，因而玄冥成了水神；乌龟长寿，于是玄冥成了长生不老的象征；最初的冥间在北方，殷商的甲骨占记“其卜必北向”，所以玄冥又成了北方神。其形象，据《道门通教必用集》卷七云：“北方玄武，太阴化生。虚危表质，龟蛇合形。盘游九地，统摄万灵，来从吾后。”

2. 朱雀

【图像】

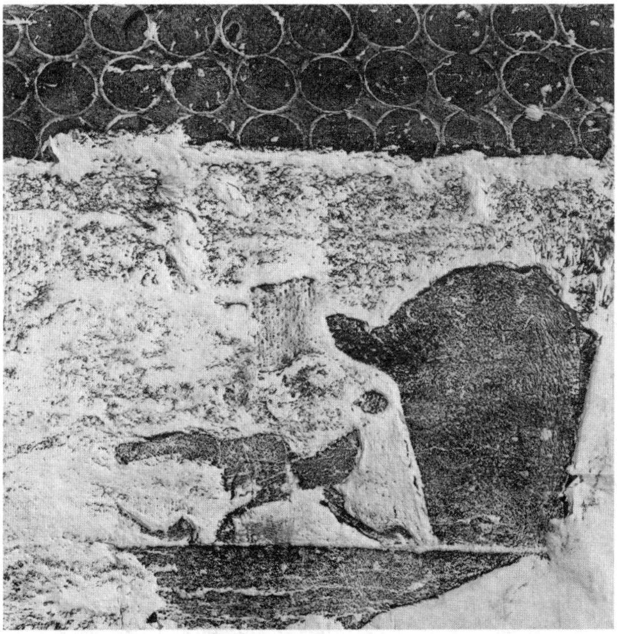

图 1-12

西阙阙斗东面画像中朱雀，居于右部，长脚长足大步向右行走，其余漫漶不清。西子阙阙斗南面画像中的朱雀，雉头羽冠，鸡嘴蛇颈，昂首挺胸，双足分立，长尾翎毛分散张开，雄姿英发，怡然以保护神的姿态立于石阙之上。（见图 1-12）

【图义】

朱雀，亦称玄鸟，是中国古代神话中的天之四象之一，是代表炎帝与南方七宿（井、鬼、柳、星、张、翼、轸）的南方之神，于八卦为离，于五行主火。在先秦被认为能接引死者灵魂上升于天，后世认为其能给人带来长寿。汉时谶纬学说兴起，朱雀的象征含义又增加了典藏、丙丁、礼德，汉后道教将其吸纳为护法神，称陵光神君。

【评述】

朱雀、玄鸟、凤凰，是中国古人想象出来的神鸟。这些曾被赋予尊贵、吉祥的意义，还有震慑邪恶、引领魂灵升天的功能。朱雀作为四灵之一，是祥瑞之符，反映出人们希望国家强盛、世世平安的愿望。

3. 白虎

【图像】

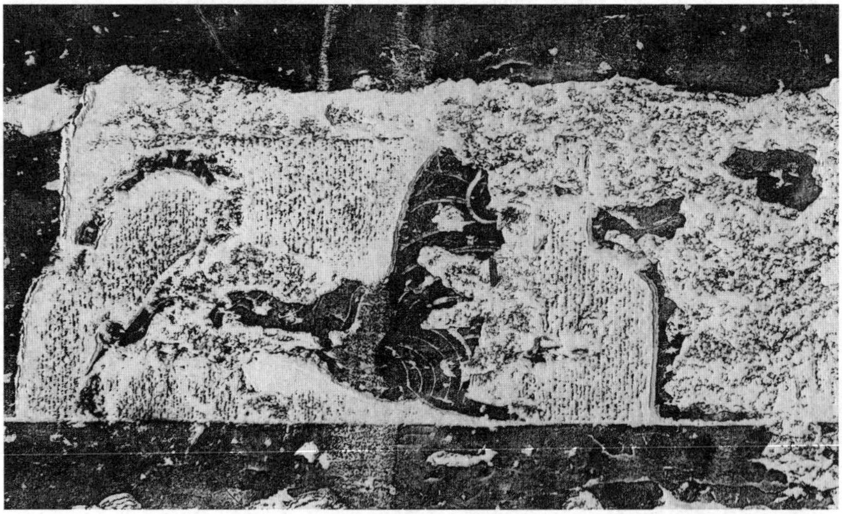

图 1−13

画面大部漫漶不清，隐约看到白虎位于左部，虎身威武雄壮，尾

巴弯曲上翘，四肢健壮有力，头部不清。（见图 1–13）

【图义】

白虎与青龙、朱雀、玄武一样，是中国古代神话中的天之四象之一，是代表少昊与西方七宿（奎、娄、胃、昴、毕、觜、参）的西方之神。五行属金，因金是白色，所以称白虎。虎，为百兽之长，白虎不仅是威武的象征，在传说中还具有避邪、禳灾、祈丰及惩恶扬善、发财致富、喜结良缘等多种功能。《宋书·符瑞志》记："白虎，王者不暴虐，则白虎（至），仁不害物。"

【评述】

对威武勇猛之人，人们往往以白虎比喻；也有些人向往威武，往往以虎名之。但威武应该体现在行仁政、讲仁义上，而不是耀武扬威，欺压百姓。

五、阙顶柱石画像

西阙顶柱四面中，北、南两面有画像。

西阙顶柱北面画像，画面高 37 厘米，宽 70 厘米。刻一母禽，左向而立，头部已剥落，周围有子禽六只。画面的上部及左右两边均饰连弧纹。

西阙顶柱南面画像，画面高 39 厘米，宽 70 厘米。刻一青龙，头部已剥落。画面的上部及左右两边均饰连弧纹。

仙鹤

【图像】

图中一母禽，头小颈长，嘴长而直，脚细长，为一仙鹤，左向而立，头部已剥落。其前面有四只小仙鹤，其左右各有一只小仙鹤，头

图 1–14

皆朝向母仙鹤。（见图 1–14）

【图义】

仙鹤是古代人民最崇尚的动物之一，在禽鸟中的地位仅次于凤凰。它象征的意义有三：一是长寿。《淮南子》称“鹤寿千岁，以极其游”。二是升仙的坐骑。道教的仙人大都以仙鹤或者神鹿为坐骑。中国古代往往称年长的人去世为驾鹤西游。三是父子相和有亲。《周易》中孚卦“九二”爻辞：“鸣鹤在阴，其子和之，我有好爵，吾与尔靡之。”鹤父在山阴鸣叫，鹤子随之鸣叫相和，父唱子和，故后人用鹤来象征父子亲密关系。

【评述】

因为仙鹤寓意长寿，所以受到人们的崇尚，中堂画往往选择仙鹤的内容。其实，其“和”义更为重要。“鹤”“和”同音，鹤的主题提示我们致力实现父子和、兄弟和、家庭和、社会和，甚至实现世界和谐。

第二节　西子阙

西子阙紧连西母阙，阙身北、西、南三面各有画像。

一、西子阙阙身北面画像

画面高 160 厘米，宽 70 厘米。画分三层：第一层刻门楼，第二层刻拜谒图，第三层刻卫兵。（见图 1–15）

图 1–15

图 1–16

1. 门楼

【图像】

门楼为一个两层楼房，楼上平台左右各坐一人。右方屋檐上立一水鸟，上有两尾鱼。屋檐上方刻两只朱雀。右方屋檐上立一人弯腰看鱼。右角有一飞鸟。楼下两柱间立马，柱外各有一人持戟立。（见图 1–16）

【图义】

城楼就是城门上的楼，或者府邸门上的楼，是汉族传统建筑之一。旧时事死如事生，把墓地也看成府第，因此在墓地大门——石阙上也刻有城楼。城楼是富贵的象征，是主人的门面，直接反映主人的社会地位和经济水平。门楼的高低大小、砖瓦材质、彩绘文字，和左邻右舍的关系都有规定，应与身份相符，故名门望族的门楼建筑特别考究。门楼顶部结构类似房屋，有挑檐式建筑，门楣上有双面砖雕，一般刻有“紫气东来”“竹苞松茂”的匾额，斗框边饰有蝙蝠、蝴蝶和花卉等图案，门框和门扇装在中间，门扇外面置铁或铜制的门环。有些豪门大宅在大门左右各放一对石狮子或一对石鼓，有驱祟保安之意。

【评述】

崇尚华丽、示贵夸富、炫耀门面，本是封建统治阶级的一个特点，由于汉代经济文化发达，这一特点显得尤为突出。

2. 门吏

【图像】

图 1−17

二层画面楼下柱外各有一人持戟站立。

三层画面有骑者三人。右方二人均一手执弓，一手执戟。左方一人露出半身。（见图 1−17）

【图义】

门吏主要有执钺门吏、捧盾门吏、执金吾门吏、执戟门吏、执棒门吏等，行使警卫、保护职责。人物画像大部分为直立站姿，以门上居多。形态上呈现不同的朝向，有正面、正侧面、四分之三侧面，也有骑马巡逻的。

【评述】

画面上众多的门吏，一方面是当时武氏豪强示威的表现，另一方面需要如此之多的门吏守卫，也显示出东汉末年阶级矛盾的尖锐。

二、西子阙阙身西面画像

图 1–18

画面高 157 厘米，宽 40 厘米。画面为青龙、白虎，虎嘴衔住龙尾，龙首上部有一条鱼。（见图 1–18）

三、西子阙阙身南面画像

画面高 158 厘米，宽 69 厘米。画分三层：第一层为楼房燕居，第二层为周公辅成王，第三层为白虎。画面上、下及左面饰连弧纹和双菱纹。（见图 1–19）

图 1–19

图 1–20

1. 燕居

【图像】

图中一座二层楼房，楼下两柱中间有一马，柱左方有一人立，柱右方一人登楼梯。二楼内二人正面并坐，楼外左右各有一侍者，双手均捧一物，似为主人进食。楼顶上有朱雀两只。（见图 1–20）

【图义】

武氏祠汉画像有许多社会现实生活中的题材，反映了汉代社会现实生活的方方面面，而大多是描绘衣食住行玩乐，楼阁燕居就是其中之一。精巧的建筑，豪华的餐饮，众多人服侍，既表现出主人的身份和财富，又表现出主人生活的奢侈。

【评述】

从画面中我们看到了汉末贵族的富足生活，但从另一方面，我们也看到了当时高超的建筑技术、丰富的饮食文化、完善的礼仪制度。近两千年前，我国已经达到了如此高的文明程度，这是我们应该引为自豪的，是我们增强文化自信的基础所在。

2. 周公辅成王

【图像】

画面四人。成王正面站立于画面的左方。其右为周公戴斜顶高冠，面向成王，略躬身给成王打一华盖。周公身后站立二人，拱手相对。（见图 1–21）

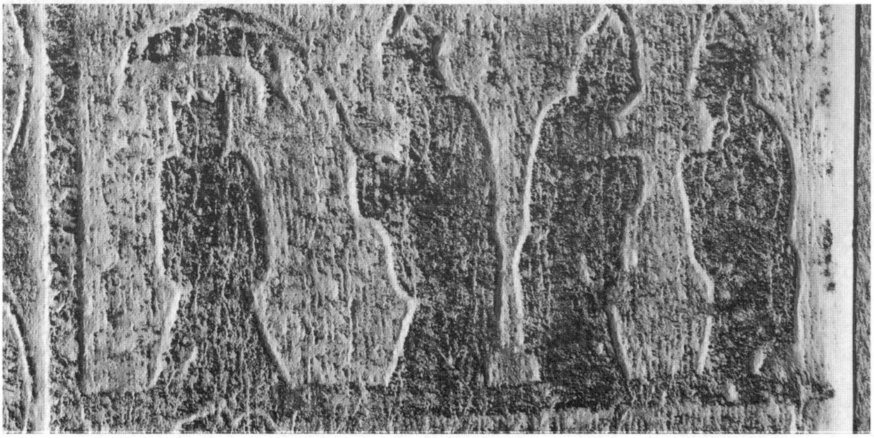

图 1–21

【图义】

周公，姬姓，名旦，是周文王姬昌第四子，周武王姬发的弟弟，因其采邑在周，爵为上公，故称周公。曾辅佐武王伐纣，并制礼作乐，是西周初期杰出的政治家、军事家、思想家、教育家，是儒学先驱，被尊为“元圣”。

《史记·鲁周公世家》记载：“武王既崩，成王少，在强葆之中。周公恐天下闻武王崩而畔，周公乃践阼代成王摄行政当国。”这是说武王去世后，因周王室刚建立不久且成王年幼，周公担心诸侯部落会发动叛乱，无奈之下代替周成王当国摄政治理天下。但是周公的行为招来“管叔及其群弟”的“非议”，并污蔑周公旦将“不利于成王”，发动了“三监之乱”，被周公平定。之后，周公待成王年长能够听政后还政于成王。这就是图像“周公辅成王”的故事。

周公摄政七年，制定了各方面具有根本性的典章制度，完善了宗法制、分封制、嫡长子继承制和井田制。周公确立的嫡长子继承制，以宗法血缘为纽带，把家族和国家融合在一起，把政治和伦理融合在一起，对中国封建社会产生了极大影响，奠定了周王朝的统治基础。

【评述】

提起“周公辅成王”，人们往往只从忠君方面去理解，其实周公主要的贡献是建立了完备的治国制度。周公提出的“敬天保民”“明德慎罚”的政治主张，对中国传统政治生态与治国理念都产生了十分重大的影响。周公制礼作乐，对今天的社会文明建设，仍有指导意义。

四、西子阙阙斗画像

东连母阙，其北、西、南三面均有画像。

西子阙阙斗北面画像，画面高 40 厘米，宽 75 厘米。画分左右两格：右格刻一人一白鹿，左格刻一白鹿。周围刻画斗拱形。

西子阙阙斗西面画像，画面高 39.5 厘米，宽 50 厘米。中部刻一人蹲着双腿，双手向上托举，手肘搁于膝上。其左右各刻有一鸟，均仅露前半身。周围刻画斗拱形。

西子阙阙斗南面画像，画面高 39 厘米，宽 66 厘米。画分左右两格：右格刻一朱雀，左格刻一玄武，上方各有一飞鸟。

白鹿

【图像】

图 1-22

阙斗北面两格画面皆有白鹿。右格一白鹿，无角，为雌性，昂头躬身向左，前后腿都平行站立；白鹿后一人，也躬身向左，双手前伸到白鹿的屁股上方，似在催白鹿前行。左格一白鹿，有角，为雄性，跃身向左奔驰，回首张望，像在呼唤后边的雌鹿一同奔跑。(见图 1-22)

【图义】

白鹿在古代为祥瑞之物。古人把白鹿列为五瑞（黄龙、白鹿、木连理、嘉禾、甘露）之一。骑鹿有上天、成仙之意，如《穆天子传》记天子“乃驾鹿以游于山上”；《太平御览》引《武帝传》有“乘白鹿，从玉女三十人”。鹿性温顺，讨人喜欢。“鹿”又与“禄”同音，民间认为有福禄吉祥之意。

第三节　东母阙

东阙形制、大小全同西阙。母阙亦由三石垒成。其北、西、南三面有画像，东面接连子阙。

一、东母阙阙身北面画像

石面高 200 厘米，宽 117 厘米。画分三层：第一层为两骑士左向行进；第二层为铭文，已残泐，只见上方两个人头；第三层为铺首衔环。环旁两只虎，从环中穿过。画面四周饰连弧纹、陶纹、双菱形纹。（见图 1–23）

图 1–23

图 1-24

二、东母阙阙身西面画像

画面高 198 厘米，宽 71 厘米。画分三层：第一层刻铺首衔环，第二层刻伏羲，第三层刻一人已漫漶不清。中部亦有阴刻“武氏祠”三大字，疑为后人所刻。画面周饰菱形纹。（见图 1-24）

伏羲

【图像】

人身蛇尾，头戴斜顶高冠，手执矩，左向，右屈尾而立。（见图1–25）

【图义】

见第二章第二节“伏羲与女娲”。

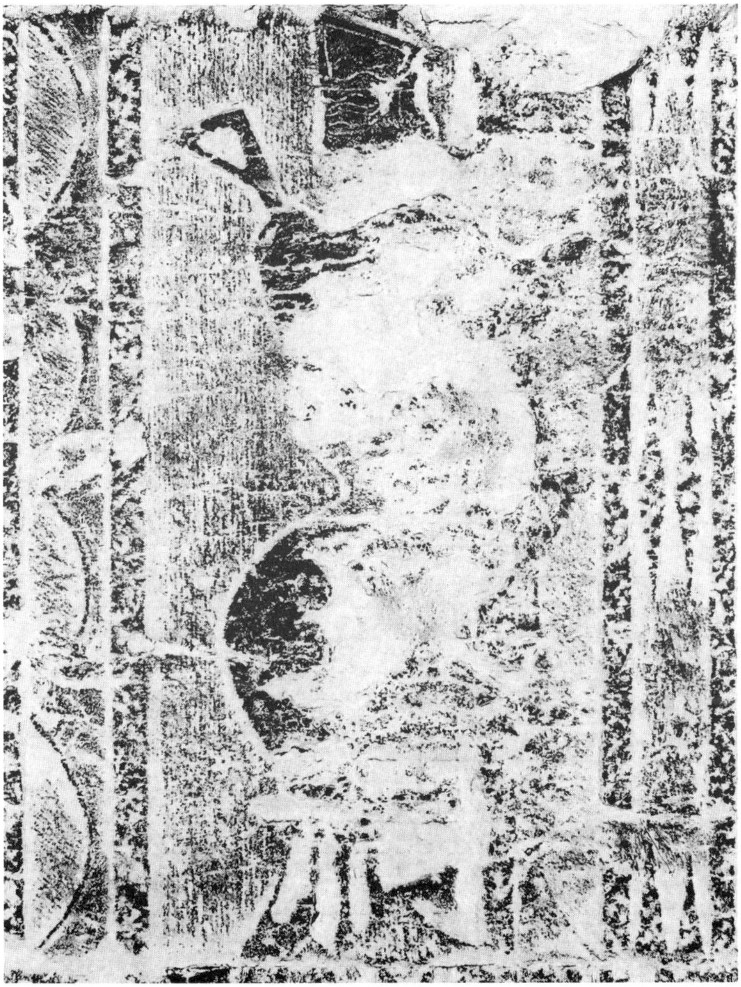

图1–25

三、东母阙阙身南面画像

画面高 202 厘米，宽 117 厘米。画分五层：第一、三、四层为人物，各五人，姿态各异；第二层为天吴、三首兽身人、人物；第五层为车骑。画面四周饰连弧纹、双菱纹。（见图 1–26）

图 1–26

1. 天吴

【图像】

画面上一兽蹲踞，翘尾，其长长的颈上长着八个人头，每个头上均戴冠。旁边有榜题：“天吴八首，更喜迭怒是也。”（见图 1–27）

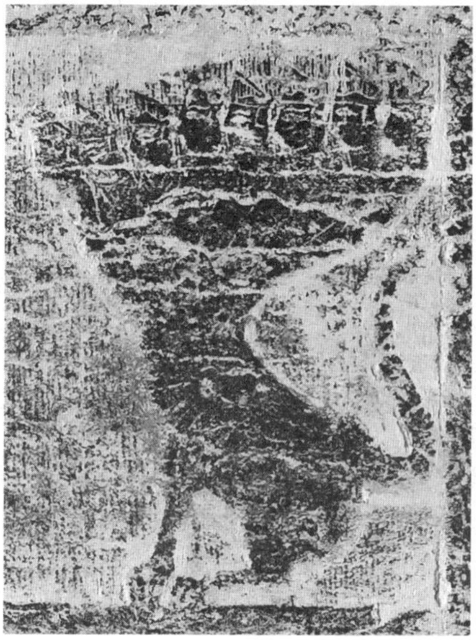

图 1–27

【图义】

“吴”是一个会意字，由“矢”和“口”两个构件组成，它的原始意义表示一个人在奔跑时一边高声喊叫，一边回头反顾，寓意着原始狩猎者的召唤。大约到东汉以后，汉字规范化，“矢”部改成“天”。天吴是古代中国神话传说中的水神。“天吴”大概是吴人的图腾。他人面虎身，这与吴人的狩猎生活密切相关。吴人以狩猎为生，崇拜一种似虎的动物，这种古动物可能在先秦时变得稀少而绝迹了。《山海经 · 海外东经》记有“朝阳之谷，神曰天吴，是为水伯”，“其为兽也，八首人面，八足八尾，皆青黄”。 这说的就是天吴是一个水神，是一个怪物一样的神仙。

图 1–28

2. 三首兽身人

【图像】

三个人身连在一起，三首皆戴冠，左右两个人头向外，中间一头面向左。直立，下为一兽身，两面各有二蹄向外。（见图 1–28）

【图义】

《山海经 · 海内南经》记载："三首国在其东，其为人，一身三首。"是说古代有个三首国，在寿华泽的东边，三首国的人都长着一个身体三个脑袋。《山海经 · 海内西经》记有"服常树，其上有三头人，伺琅玕树"；《太平御览》引《庄子》说"天又为生离珠，一人三头递卧递起，以伺琅玕"，是守候琅玕树的仙人。

四、东母阙阙斗画像

东母阙阙斗西、南、东、北四面皆有画像。

阙斗西面画像，画面高 45 厘米，宽 91 厘米。画面剥蚀，左上部仅存圆饼纹。

阙斗南面画像，画面高 45 厘米，宽 123 厘米。画分左右两格：右格刻一左向青龙，左格漫漶不清。

阙斗东面虽连子阙，但其多出的部分亦有连弧纹。

阙斗北面画像，画面高 44 厘米，宽 128 厘米。画分两格：左格刻一右向白虎，右格漫漶不清。上部饰圆饼纹，似西阙同部位。

五、东母阙顶柱画像

东母阙顶柱四面各有画像。

东母阙顶柱东面画像，画面高 36 厘米，宽 46 厘米。刻垂幛纹图案，呈门形。

东母阙顶柱西面画像，画面高 36 厘米，宽 46 厘米。刻垂幛纹图案，呈门形。

东母阙顶柱南面画像，画面高 37 厘米，宽 70 厘米。刻一青龙，左向。画面上方和两边饰以连弧纹。

东母阙顶柱北面画像，画面高 39 厘米，宽 70 厘米。刻一白虎，张口卷尾，左向。画面上方及两边饰以连弧纹。

第四节　东子阙

东子阙左连东母阙，子阙阙身四面中，三面有画像。

一、东子阙阙身北面画像

东子阙阙身北面画像，画面高 160 厘米，宽 68 厘米。画分三层：第一层刻门楼，第二层刻周公辅成王，第三层刻一马拉轺车。画面上、下及左边均饰有连弧纹和双菱纹。（见图 1−29）

图 1-29

门楼

【图像】

图中一两层楼房。楼上平台有二人坐，右方有一水鸟，楼顶屋脊上有两只朱雀，屋檐上有两只猫头鹰，楼下柱间有马站立，左边一人执彗，右边一人上楼梯。（见图 1–30）

图 1–30

【图义】

参见本章第二节“门楼”。图像左下方的执彗人物属于门吏的一类。执彗有洒扫之意，彗即笤帚，古人用笤帚辟除凶邪。

二、东子阙阙身南面画像

东子阙阙身南面，画高 161 厘米，宽 67 厘米，画分三层：

第一层刻楼阁燕居，第二、三层刻拜谒图。画面上、下及右边均刻有连弧纹和双菱纹。（见图 1–31）

图 1–31

1. 楼阁燕居

【图像】

画中一座双重楼阁，楼上二人正面端坐，似为夫妇。二楼右方空处有一人立，左方残。楼檐上有一猴，楼下两柱间有一马站立，马嘴下悬有马料袋，马后人双手握马尾。柱外各有一人持戟立。(见图1-32)

图 1-32

【图义】

参见本章第二节“燕居”。

2. 拜谒

【图像】

此画面第二层、第三层为拜谒场面。第二层四人站立。右方二人相对谈话，左方二人均手持笏，相互致意。

第三层画面也为四人，相对站立交谈。左二人均手持笏，右二人手抬至胸前致意。（见图 1–33）

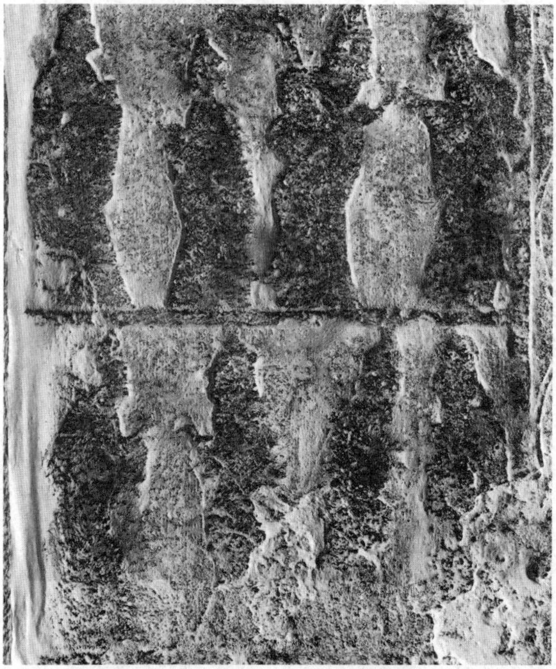

图 1–33

【图义】

参见本章第一节“拜谒图”。

三、东子阙阙身东面画像

东子阙阙身东面，画面高 150 厘米，宽 39 厘米。画分两层：第一层为一人手捧盾牌正面站立，第二层为青龙、白虎。四周饰以连弧纹。（见图 1–34）

图 1–34

四、东子阙阙斗画像

东子阙阙斗西连母阙，其北、东、南三面均有画像。

东子阙阙斗南面，画面高 32 厘米，宽 72 厘米。画分两格：左方刻一只长尾四足小头兽，右方刻一虎、一鹿相背而行，均回头相望。画周围刻斗拱形。

东子阙阙斗东面，画面高 31 厘米，宽 50 厘米。刻两只奔跑的鹿。前鹿回头张望，后鹿仅露前半身。

东子阙阙斗北面，画面高 33 厘米，宽 66 厘米。画分两格，画面左右各有一只猛虎卷尾回首对视，作长啸状。画周围刻斗拱形。

第五节　双狮

阙室内一对石狮，据考证，这是全国现存最早的一对石狮。（见图 1−35、1−36）

【形象】

此对石狮皆足立石座之上，昂首前视，各高 124 厘米，长 145 厘米，宽（加石座）40 厘米，形制相似。东狮前右足按一蜷曲小兽。两狮相对，皆张口怒目。虽历经寒暑风雨，但狮身基本完整，主要骨架甚至毛皮刻线均清晰可辨。

【雕刻时间】

此对石狮雕刻时间，据《武氏石阙铭》（见本章第一节“铭文”）记载，刻于建和元年（147 年）。原铭文中“狮”字用古字“师”。

【背景】

图 1–35

图 1–36

狮子原不产于中原。《汉书·西域传》记："乌弋山离国，王去长安万二千二百里。……有桃拔、师子、犀牛。"这是中国史书关于狮子的最早记载。乌弋山离，当为西域古国。《后汉书·西域传》又说，条支国"出师子、犀牛、封牛、孔雀、大雀"。条支，当在今伊朗西南部，汉代时属安息。

狮子传入中原见于正史有三次：

一次是汉章和元年(87年)。《后汉书·章帝纪》载，章和元年"月氏国遣使献扶拔、师子。"月氏，亦作月支，西域古国，在安息东。《后汉书·西域传》记为："安息国居和椟城，去洛阳二万五千里。北与康居接，南与乌弋山离接。地方数千里，小城数百，户口胜兵最为殷盛。……章帝章和元年，遣使献师子、符拔。"安息为西亚古国，地处伊朗高原东北部。

一次是汉永元十三年(101年)。《后汉书·和帝纪》载，永元十三年"冬十一月，安息国遣使献师子及条支大爵"。《后汉书·西域传》说："和帝永元九年(97年)，都护班超遣甘英使大秦，抵条支。……十三年，安息王满屈复献师子及条支大鸟，时谓之安息雀。"

一次是汉阳嘉二年(133年)。《后汉书·顺帝纪》载，阳嘉二年六月，"疏勒国献师子、封牛"。《后汉书·西域传》说，顺帝阳嘉二年，疏勒王"臣磐复献师子、封牛"。疏勒，西域古国，又作竭石、竭叉、沙勒等，国都在今新疆喀什地区。

将狮子的形象传入嘉祥的应是武氏墓群的墓主人。武氏几代为官，虽然官职并不算太高，但有着特殊的地位：一是武开明，其碑文记载，汉安二年（143年）迁大长秋丞、长乐太仆丞。此时距疏勒国献狮子仅十年。大长秋丞负责宣达皇后的旨意，管理宫中事宜，是皇后的近侍。长乐宫是太后居地，长乐太仆丞是负责太后长乐宫车马出行的官员。狮子是当时非常珍贵的动物，必置皇家园林。武开明有职务之便，是能够见到狮子的。二是武斑。武斑曾任敦煌长史，敦煌是中原与西域交通的门户，狮子过境亦能见到。

【释义】

狮子在中国历史上被认为是最凶猛的动物。古人认为它是“毛虫之王”，每天能跑五百里。狮子一吼，百兽都会躲避起来，马会吓出血尿。狮食虎吞貔，裂犀分象。因为狮子最凶猛，所以武氏族人用石狮守护林门。

武氏墓群石狮是初创时期的石狮，此后人们在仿制的基础上逐步改进。四川雅安市高颐墓前的汉代石狮，姿态就更加生动。

第六节 碑刻

阙室内的碑刻是记载和研究武氏家族成员和石刻画像的重要资料。特别值得一提的是武氏祠的汉碑。

俗语有云：“汉碑三字为宝。”汉碑上的文字对研究我国书法艺术具有十分重要的作用。目前，我国保存下来的汉碑仅 50 余块，出于武氏祠的就有 3 块，另见于著录的还有 2 块。

一、汉敦煌长史武斑碑

【形制】

汉敦煌长史武斑（？—145 年）碑，圭形，有穿，高 220 厘米，宽88厘米，厚25厘米。汉建和元年（147年）由昔日同僚史恢、萧曹芝等六人所立，碑文记载武斑生平事迹，清乾隆五十一年（1786年）由钱塘黄易发现并发掘，现存武氏祠阙室内。

【碑文】

碑额文：汉故敦煌长史武君之碑

碑阳文：

建和元年，大岁在丁亥，二月辛巳朔廿三日癸卯，长史同□□□□□□□□□。

敦煌长史武君，讳斑，字宣张。昔殷王武丁克伐鬼方，元功章炳，勋臧王府。官族分析，因以为氏焉，武氏盖其后也。商周遐藐，历世旷远，不陨其美。汉兴以来，爵位相踵，□朝忠臣，君幼□颜、闵之懋质，长敷斿、夏之文学。慈惠宽□，孝友玄妙。苞罗术艺，贯洞圣□，博兼□□，耽综典籍，□□□纯，求福不回，清声美行，阐形远近，州郡贪其高贤，□□请以□□。岁举□翼紫宫，□□诏除，光显王室。有□于国，帝庸嘉之，掌司古□，领校秘□，研□幽微，追昔刘向辩贾之徒，比□万矣，时戎□□，匡正一□，□朝廷惟忧□□有司□□举君，斑到官之日，□厉吏士，哮虎之怒，薄伐□□□□□□□□□□并，百姓赖之，邦域即宁，久劳于外，当还本朝，以叙左右，以永嘉元年□月□日，遭疾不□，哀□。于是金乡长河间高阳史恢等，追惟昔日同岁郎署，咸□为自古在昔，先圣与仁，□□兴替，□□人存，生荣死哀，是为万年，伊君遗德，□孔之珍，故□石铭碑，以旌明德焉。其辞曰：

於惟武君，允德允恭，受天休命，积祉所钟，其在孩提，岐嶷发踪。谦□守约，唯谊是从，孝深凯风，志洁羔羊。乐是□□，恬此荣光。

孳孳临川，窥见□墙，□仰箕首，微妙玄通，□然清邈，□□□□。□□升□，为帝股肱。扶助大和，万民乃蒙，显宗□□，史官书功，昊天上帝，降兹鞠凶。晻忽殂逝，□□□□，不享耆耇，大命□□，百辽惟□，后帝感伤。学夫丧师，士女凄怆。旌表金石，令问不忘，垂□后昆，亿载叹诵。

尚书丞沛国萧曹芝□宣、成武令中山安熹曹种□□、丰令下邳良成徐崇□□、故陈留府丞鲁国鲁□□□□、防东长齐国临淄□纪伯允书此碑。严祺，字伯曾。

二、汉执金吾丞武荣碑

【形制】

汉执金吾丞武荣（？—168 年）碑，圭形，有穿，高 243 厘米，宽 84 厘米，厚 26 厘米。东汉灵帝建宁元年（168 年）立，原立碑主墓前，碑文记载武荣生平事迹，现存济宁市博物馆汉碑室。荣碑布局不拘章法，书体淳古峭健，流利而圆和，堪为汉碑佳作。

【碑文】

碑额文：汉故执金吾丞武君之碑

碑阳文：

君讳荣，字含和，治鲁《诗经》，韦君《章句》。阙帻传讲《孝经》《论语》《汉书》《史记》《左氏》《国语》，广学甄微，靡不贯综。久游大学，藐然高厉，鲜于双匹。学优则仕，为州书佐、郡曹吏、主簿、督邮、五官掾、功曹、守从事。年卅六，汝南蔡府君察举孝廉，□□郎中，迁执金吾丞。遭孝桓大忧，屯守玄武，戚哀悲恸，加遇害气，遭疾陨灵，□□□□。君即吴郡府卿之中子，敦煌长史之次弟也。廉孝相承，亦世载德，不忝□□，□□命□ ，不竞台衡。盖观德于始，述行于终。于是刊石勒铭，垂示无穷。其辞曰：

天降雄彦，资才卓茂。仰高钻坚，允文允武。内干三署，外□师旅。□勒屯守，奋威□武。旌旗绛天，雷震电举。敷耀赫然，陵惟哮虎。当遂股肱，□之元辅。天何不吊？降此□咎。痛乎我君，仁如不寿。爵不副德，位不称功。咸怀伤怆，远近哀同。身没□□，万世讽诵。

三、无字碑

【形制】

无字碑，武氏墓群碑刻，形制同武斑碑，圭形，有穿，高 193 厘米，宽 90 厘米，厚 25 厘米。碑阳无字，碑阴刻有一“武”字，疑为后人戏刻。现存武氏祠阙室内。

四、汉从事武梁碑

【形制】

汉从事武梁（78—151 年）碑，“长不半寻”（高不足四尺），“广才尺许”（宽约一尺）。元嘉元年（151 年）由孝子仲章等立于武梁墓前，现已佚。

【碑文】

《隶释》载其碑文：

□故从事武掾，掾讳梁，字绥宗。掾体德忠孝，岐嶷有异。治韩诗经，阙帻传讲，兼通河洛、诸子传记，广学甄彻，穷综典□，靡不□览。州郡请召，辞疾不就。安衡门之陋，乐朝闻之义。诲人以道，临川不倦，耻世雷同，不窥权门，年逾从心，执节抱分，终始不贰，弥弥益固，大位不济，为众所伤，年七十四，元嘉元年，季夏三日，遭疾陨灵。呜呼哀哉。孝子仲章、季章、季立，孝孙子侨，躬修子道。竭家所有，选择名石，南山之阳，擢取妙好，色无斑黄。前设坛墠，后建祠堂。良匠卫改，雕文刻画，罗列成行，摅骋技巧，委迤有章。垂示后嗣，万世不亡。其辞曰：

懿德玄通，幽以明兮；隐居靖处，休曜章兮；乐道忽荣，垂兰芳兮；身殁名存，□□□□。

五、汉吴郡丞武开明碑

【形制】

汉吴郡丞武开明（91—148年）碑，圭形，有穿，建和二年（148年）立。碑原立武氏墓地，后移济宁，现已佚。

【碑文】

赵明诚《金石录》载其碑文：

……君字开明……永和二年，举孝廉，除郎谒者。汉安二年，迁大长秋丞、长乐太仆丞。永嘉元年，丧母去官，复拜郎中，除吴郡府丞。寿五十七，建和二年十一月十六日，遭疾卒。

第二章　武梁祠西壁画像

图 2–1

构成武梁祠的画像石共 5 块：西壁、东壁、后壁及上面的两块顶盖。画像内容丰富，刻有古帝王、忠臣、义士、孝子、贤妇 162 人。

武梁祠西壁画像石高 184 厘米，宽 140 厘米，厚 16 厘米，锐顶，两角有榫。画面自上而下分为五层：第一层刻神话故事，第二层刻远古帝王，第三层刻孝道故事，第四层刻刺客故事，第五层刻车骑。（见图 2–1）

第一节　西王母

【图像】

西王母正面端坐，头戴山形冠，背上有羽状双翼。围绕在西王母身边的有 7 个形态各异的仙人，有的站立，有的飞翔，有的曳长裾，有的人身蛇尾，肩上均有双翼。右边有蟾蜍、玉兔和三足乌，左端有龙和人头鸟身怪物。（见图 2–2）

图 2–2

【图义】

西王母作为我们先人崇拜的始祖女神，关于她的神话传说家喻户晓，流传甚广。西王母本是西方一个原始部落的名称。《尔雅·释地》中写道："觚竹、北户、西王母、日下，谓之四荒。"居住在大荒之地的西王母部族，部族首领也被称作"西王母"。

据传，西王母部族世代居于昆仑山之上，自然条件十分艰苦。自然灾害和瘟疫随时可能摧毁整个部落，猛兽和毒虫随时等着吃掉那些没有任何抵抗力的老人和幼童。为了部族的延续，人们结合部落首领的形象，借助自己的想象，塑造出一个外表具有猛兽特征、凶狠有力的女神，作为部落的守护神。正如《山海经·西山经》云："西王母其状如人，豹尾、虎齿而善啸，蓬发戴胜，是司天之厉及五残。"此时，西王母的形象深深打上了母系氏族社会、早期先民动物崇拜和图腾崇拜的烙印，作为先民心中的神，掌管着灾疠和刑罚，具有“先知”和“控制灾难”的能力。

西周时期，西王母的形象开始人格化，这主要表现在周穆王和西王母的一段爱情故事中。据《国语·周语》记载，周穆王时期，犬戎首领桀骜不驯，不但拒绝纳贡，而且还不断袭扰周朝边民。周穆王对西北部犬戎发动了大规模征伐。西征胜利之后，周穆王想要同邻国建立同盟友好关系，于是去拜访西王母部族。《穆天子传》卷三记载：“吉日甲子，天子宾于西王母。”周穆王受到西王母的热情款待，大摆筵席，饮酒作乐。

到了汉代，西王母的形象进一步人格化，被人们视为心目中的女仙人。汉武帝为了江山永固、福寿绵长，虔心敬神。据说汉武帝在皇宫中修建承平殿，专门供奉专管灾疫刑罚的王母娘娘。

第二节　远古帝王

武梁祠西壁画像第二层自右至左刻远古帝王：伏羲与女娲、祝融、神农、黄帝、颛顼、帝喾、尧、舜、禹、夏桀。

1. 伏羲与女娲

【图像】

画面上有两人，右面是伏羲，头上的冠上方下圆。左手平举，右手执矩，身子下部的鳞尾与女娲相交后向右钩。左面是女娲，其面部已剥蚀不清，只看到半个冠顶。身子和伏羲一样，鳞尾与伏羲相交后向左钩。左臂向前平伸，右臂平屈。两人中间有一小儿，面朝伏羲，

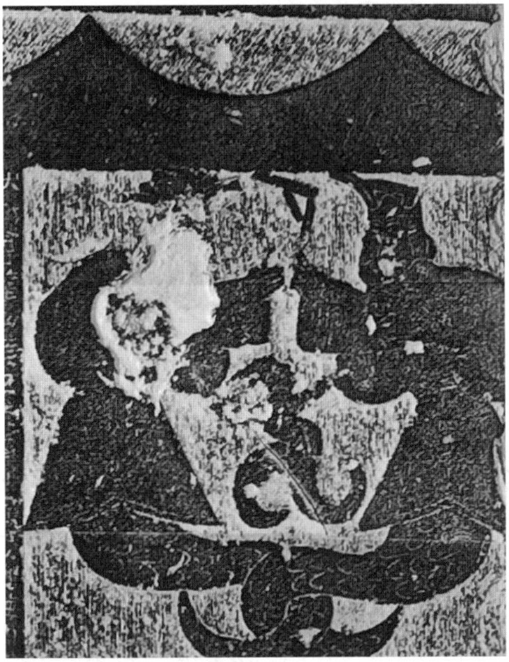

图 2-3

双手拉着两人的衣领，两脚弯起后向上卷曲。画面右侧榜题为隶书十六字：“伏羲仓精，初造王业，画卦结绳，以理海内。”（见图 2-3）

【图义】

伏羲与女娲在“三皇”人物体系中的地位较为稳固，两人也都有诸多的贡献。伏羲为传说中上古人物，一作宓羲、包牺，亦称牺皇、皇羲，是中国神话中人类的祖先。传说他和女娲氏兄妹相婚而成为人类始祖，又教民以渔猎、畜牧和医药。《易传》说：在远古时代，是包牺氏（伏羲氏）统治天下。他经常仰头观天象，研究日月星辰的运行；俯身察地形，考察山川泽壑的走向；又观鸟兽动物皮毛的纹理和生长在大地上的各类植物各得其宜的情况。近从己身取象，远从器物取象，从而创立八卦，用来通晓万事万物变化的性质，用来分类归纳万事万物的形状。伏羲还有其他很多发明，如《帝王世纪》称伏羲“味百药而制九针”，因此被我国古代医界尊奉为医药学、针灸学之始祖。《绎史》卷三引《古史考》记：“伏羲制嫁娶以俪皮为礼。”《潜夫论 · 五德志》记：“(伏羲) 结绳为网以渔。”可见，伏羲还有许多重要的发明。

女娲，亦称娲皇、灵娲等，是中国上古神话中的创世女神。女娲神话具有双系性：一是作为创世女神的女娲，以神灵的形象出现，被称为人类之母与大地之母。相传她是华夏族的母亲，创造了生命，又勇敢地照顾生灵免受天灾，是被民间广泛而又长久崇拜的创世神和始母神。《太平御览》卷七十八引《风俗通》记载：“俗说天地开辟，未有人民，女娲抟黄土作人。”这是说女娲用黄土仿照自己造人，创造了人类。据《淮南子·览冥训》说：“女娲炼五色石以补苍天，断鳌足以立四极，杀黑龙以济冀州，积芦灰以止淫水。苍天补，四极正；淫水涸，冀州平。狡虫死，颛民生。”传说女娲补天，即自然界发生了一场特大灾害，天塌地陷，猛禽恶兽都出来残害百姓，女娲炼五色石以补苍天，又杀死恶兽猛禽，重立四极天柱，平整天地。记载中她替人类建立了婚姻制度，使青年两性相互婚配，繁衍后代。二是作为上古贤王的女娲，以人类的形象出现，为华胥氏之女、伏羲氏血亲，是母系氏族首领与三皇之一。

在先秦的诸多文献中，伏羲、女娲二者并无明显关系。直到汉代，二者在文献中才有了交集。《淮南子·览冥训》：“伏戏（羲）、女娲不设法度而以至德遗于后世，何则？至虚无纯一，而不嘤喋苛事也。”东汉末年，高诱注释《淮南子》：“女娲，阴帝，佐虙戏（伏羲）治者也。”图像中伏羲与女娲作交尾状，据《独异志》记载：宇宙初开之时，只有伏羲、女娲兄妹二人在昆仑山，而天下未有人民，议以为夫妻。反映了古代人将伏羲女娲视为夫妻。《周易·系辞下》里说：“天地絪缊，万物化醇，男女构精，万物化生。”因此伏羲女娲交尾寓意天地交通、日月并明、阴阳和合、天下太平，是一种吉祥的象征。而伏羲女娲分别手持矩和规，反映出当时人们依靠规和矩制造出舟车、农具等，说明汉代农业、手工业已非常发达。同时，规与矩还有另外一层更重要的含义，即体现了“不以规矩，无以成方圆”的儒家思想理念。

2. 祝融

【图像】

画面刻祝融像探身面向右倾，头戴斜顶进贤冠。冠上有两翅，衣裳很短，在膝盖之上。左手向上举，右手在胸前平屈。左侧题隶书十五字：“祝诵氏无所造为，未有耆欲，刑罚未施。”（见图 2–4）

【图义】

祝融，又称祝诵、祝和。祝，指男巫；融，指明亮。祝融合指祈愿光明的男巫。因而与伏羲同时代的祝融氏，大约是一个以善于取火、管火、用火而闻名的部落，其部落首领祝融以火施教，造福于民，而成为原始社会末期最著名的氏族领袖之一，与伏羲、神农并称为三皇。后“祝融”一词逐渐演变为五帝时期夏官火正的官名，同时以夏官官名“祝融”为氏族名。后世尊其为“火神”。

图 2–4

火神祝融的传说，反映了人类用火技术发展的漫长历史，表达了远古时期人们对光明和幸福生活的渴望。今天，人类对火已有了科学的认识，不用再祈求火神保护，但火神祝融以火造福人类的形象，将作为美好的传说继续流传下去。

3. 神农

【图像】

祝融像左侧刻画的是神农像。画像中神农氏头上所戴之冠仍是左右分出两翅，前翅稍短，冠还护着头部和耳部。上衣未过膝，手中拿着耜，面向右，两臂右提左抑，聚精会神地看着右下方，耜头插到地上，一副掘地种庄稼的样子。左侧隔栏上隶书题十五字：“神农氏因宜教田，辟土种谷，以振万民。”（见图 2–5）

图 2–5

【图义】

《帝王世纪》记载：“神农氏，姜姓也，母曰任姒，有乔氏之女，名女登，为少典妃，游于华阳，有神农首，感女登于尚羊，生炎帝，人身牛首，长于姜水，因以氏焉。”《白虎通·号》说：“谓之神农何？古之人民皆食禽兽肉。至于神农，人民众多，禽兽不足。于是神农因天之时，分地之利，制耒耜教民农作，神而化之，使民宜之，故谓之神农也。”可见神农不是真实名字，传说神农姓姜名轨，一名石年。

炎帝神农氏是中华农耕文化的

创始者，为中华民族的兴起和繁衍做出了开创性的伟大贡献。他烧蛮荒，教稼穑，拓土开疆，奠基农桑，开农耕文明之先河；他遍尝百草，疗民疾伤，创医药文明之灵方；他日中为市，首辟市场，开交易文明之发端；他削桐为琴，练丝为弦，燃声乐文明之曙光。还有用火、家养畜禽、制陶、纺织等发明，传说都与神农氏有关。他带领原始先民们，在长期的生产和实践中，创造了丰盛的物质财富和精神财富，为中华文明的发轫和中华民族的形成准备了最初的物质、文化基础。《商君书·画策》说："神农之世，男耕而食，妇织而衣。刑政不用而治，甲兵不起而王。"传说神农氏在位一百四十年，死后葬于湖南长沙。被后世尊为"三皇"之一。

中国有几千年的农耕文明，对农耕文化有着特殊的感情。作为中华农耕文化创始者的神农，长期受到人们的尊崇就是理所当然的了。他坚韧不拔的开拓精神、大公无私的献身精神，永远值得我们崇敬、学习和发扬。

4. 黄帝

【图像】

画面上的黄帝身体向左，但回头向右看。头上戴着后世帝王戴的冕旒，上身穿上衣，下身穿短裙，两袖肥大。左手向右指划，右手屈于腰间。左侧隔栏题词隶书十六字："黄帝多所造作，造兵井田，垂衣裳，立宫宅。"此图中黄帝似乎正在教导别人做什么，正与题字中"多所造作"相合。（见图 2–6）

【图义】

黄帝是我国古代传说中公认的"五帝"之一。《史记·五帝本纪》记载："黄帝者，少典之子，姓公孙，名曰轩辕。生而神灵，弱而能

图 2-6

言，幼而徇齐，长而敦敏，成而聪明。轩辕之时，神农氏世衰。诸侯相侵伐，暴虐百姓，而神农氏弗能征。于是轩辕乃习用干戈，以征不享，诸侯咸来宾从。而蚩尤最为暴，莫能伐。炎帝欲侵陵诸侯，诸侯咸归轩辕。轩辕乃修德振兵，治五气，蓺五种，抚万民，度四方，教熊罴貔貅貙虎，以与炎帝战于阪泉之野。三战，然后得其志。蚩尤作乱，不用帝命。于是黄帝乃征师诸侯，与蚩尤战于涿鹿之野，遂禽杀蚩尤。而诸侯咸尊轩辕为天子，代神农氏，是为黄帝。”

《周易·系辞下》道黄帝“垂衣裳而天下治。……刳木为舟，剡木为楫。舟楫之利，以济不通……服牛乘马，引重致远，以利天下……重门击柝，以待暴客……断木为杵，掘地为臼，杵臼之利，万民以济……弦木为弧，剡木为矢。弧矢之利，以威天下”；《尚书大传》载“黄帝始制冠冕，垂衣裳，上栋下宇，以避风雨”；《古史考》说“黄帝作车，引重致远”；《拾遗记》载“轩辕变乘桴以造舟楫”。《世本》记黄帝令“仓颉作书”“大挠作甲子”“隶首作算数”“容成造历”。《通典·食货志》还说黄帝“始经土设井”和“立步制亩”。各种古籍都把黄帝描绘成一个有权威、讲仁政、制作各种器物、造福人民的贤明君主形象。

司马迁写《史记》为什么从五帝开始而以黄帝为首？因为那是人类由蛮荒走向文明的大变革期，“三皇”时期，虽然有了农业和火的应用，但人类的生活极其简单，生活与禽兽相差无几。到黄帝时，始作宫室、衣裳、舟车、弓矢、文书、图画、律历、算数，才有了有别于禽兽的人的生活。我们现在正处在划时代的大变革期，应该“多有造作”，推进大发明、大创造、大发展。

5. 颛顼

【图像】

画面上的颛顼，面向右转，服饰上衣下裙，和黄帝一样，只是没有遮膝的“芾”。其右臂平举，手未露出，左手被遮，像拱起双手的样子。左侧隔栏的榜题隶书十五字：“帝颛顼高阳者，黄帝之孙而昌意之子。”（见图 2–7）

图 2–7

【图义】

颛顼是古代传说中的又一个帝王。《史记·五帝本纪》记载：“帝颛顼高阳者，黄帝之孙而昌意之子也。静渊以有谋，疏通而知事；养材以任地，载时以象天。依鬼神以制义，治气以教化，絜诚以祭祖。北至于幽陵，南至于交阯，西至于流沙，东至于蟠木。动静之物，大小之神，日月所照，莫不砥属。”颛顼帝高阳，是黄帝的孙子、昌意的儿子。他沉静稳练而有机谋，通达而知事理。他养殖各种庄稼、牲畜以充分利用地力，推算四时节令以顺应自然，依顺鬼神以制定礼义，理顺四时五行之气以教化万民，洁净身心以祭祀鬼神。他往北到过幽陵，往南到过交阯，往西到过流沙，往东到过蟠木。各种动物植物，大神小神，凡是日月照临的地方，全都平定了，没有不归服的。《白虎通·号》说："颛者，专也；顼者，正也。能专正天人之道，故谓之颛顼。"《淮南子·齐俗训》说："颛顼之法，妇人不辟男子于路者，拂之于四达之衢。"

颛顼"依鬼神以制义，治气以教化，絜诚以祭祖"是说的礼义，"妇人不辟男子于路者，拂之于四达之衢"是说的刑罚，"专正天人之道"正是礼义、刑罚要达到的目标。以此来看，颛顼是礼制和法制的初创者。这说明早在远古时期，我国就有了制度和法律。

6. 帝俈

【图像】

帝俈即帝喾。在画面中，帝喾右手抬至胸前，左手放在腹部。其左侧榜题隶书十一字："帝俈高辛者，黄帝之曾孙也。"此说与《史记》记载同。(见图 2-8)

【图义】

帝喾也是古代传说中的一位帝王。《史记·五帝本纪》记载："帝喾高辛者，黄帝之曾孙也。……高辛生而神灵，自言其名，普施利物，不于其身，聪以知远，明以察微，顺天之义，知民之急。仁而威，惠而信，修身而天下服，取地之财而节用之，抚教万民而利诲之，历日月而迎送之，明鬼神而敬事之。其色郁郁，其德嶷嶷，其动也时，其服也士。帝喾溉执中而遍天下，日月所照，风雨所至，莫不从服。"帝喾高辛，

图 2–8

是黄帝的曾孙。高辛生来就很有灵气，一出生就叫出了自己的名字。他普遍施恩泽于众人而不及其自身。他耳聪目明，可以了解远处的情况，可以洞察细微的事理。他顺应上天的意旨，了解下民所急。仁德而且威严，温和而且守信，修养自身，天下归服。他收取土地上的物产，节俭地使用；他抚爱教化万民，把各种有益的事教给他们；他推算日月的运行以定岁时节气，恭敬地迎送日月的出入；他明识鬼神，慎重地加以侍奉。他仪表堂堂，道德高尚。他行动合乎时宜，服用如同士人。帝喾治民，像雨水浇灌农田一样不偏不倚，遍及天下，凡是日月照耀的地方，风雨所到的地方，没有人不顺从归服。《帝王世纪》说他“三十登帝位，都亳（今河南偃师市）……在位七十五年，年一百五岁而崩，葬东郡顿丘广阳里”。《国语·晋语》引贾逵注：“共工氏侵陵诸侯，与高辛争王，为高辛所灭。”《大戴礼记》等古书对他也有很高的评价。他在位时，犬戎经常骚扰中原，帝喾亲自征讨，取得胜利。

帝喾之所以能“日月所照，风雨所至，莫不从服”，主要是因为两条：一是“穷极道德”，具有最高的道德品质，“仁而威，惠而信，修身而天下服”；二是“知民之急”“普施利物”，真正为人民做事，

“溉执中而遍天下”，像雨水浇灌农田一样不偏不倚，遍施恩及天下。帝喾为当政者做出了榜样，做领导的就应像帝喾那样，加强自身修养，立德树人，执政为民。

7. 帝尧

【图像】

画面上的帝尧面向右，服饰与黄帝相同。两臂屈起，左手伸张，手指指向右方。左侧隔栏上的榜题隶书二十字：“帝尧放勋，其仁如天，其知如神。就之如日，望之如云。”图中形象似乎表明，尧在跟别人说话，很像召集四岳群牧（各地的部落联盟首领）开会征询意见的样子。（见图 2–9）

图 2–9

【图义】

尧为“五帝”之一，传说是帝喾之子，姓伊祁，名放勋。十五岁，被封于唐，故又称唐尧。二十岁，代挚为首领。《史记 · 五帝本纪》记载：“其仁如天，其知如神。就之如日，望之如云。富而不骄，贵而不舒。……能明驯德，以亲九族。九族既睦，便章百姓。百姓昭明，合和万国。”帝尧仁德如天，智慧如神。接近他，就像太阳一样温暖人心；仰望他，就像云彩一般覆润大地。他富有却不骄傲，尊贵却不放纵。他尊敬有善德的人，使同族九代相亲相爱。

同族的人既已和睦，又去考察百官。百官政绩昭著，各方诸侯邦国都能和睦相处。

尧是一位威望非常高的帝王，其突出特点是善于用人。一是善于考察百官，注重听取四岳的意见。二是不合格的人员尤其是品德不好的人坚决不用。如尧向四岳征求用谁治理洪水的意见，有人推荐尧的儿子丹朱，他嫌其生性凶顽而不用；有人推荐共工，他嫌其是个光会说不会做的人，也不用。三是知人善任。任用善于从事农业生产的后稷为农师，公正廉明的皋陶做法官，善于作曲和奏乐的夔当乐官等，用其所长，所以能把国家治理得很好。时至今日，在选人用人方面，尧的做法仍值得我们借鉴。

8. 帝舜

【图像】

舜头戴较高的冕旒，身着长袍，左手抬起向右指，像是在向四岳咨询的样子。左侧隔栏上隶书榜题十三字：“帝舜名重华，耕于历山，外养三年。”“三年”指《尚书·尧典》中“汝陟帝位”的“三载”而言。（见图 2–10）

图 2–10

【图义】

舜是轩辕黄帝八世孙。姚姓，名重华，“五帝”之一。《尚书·舜典》说他：“慎徽五典，五典克从；纳于百揆，百揆时叙；宾于四门，四门穆穆；纳于大麓，烈风雷雨，弗迷。”舜谨慎地教导臣民以父义、母慈、兄友、弟恭、子孝五典作为自己行动的准则，臣民都能听从这种教导而不违背。然后尧又让舜总理政务百官，百官都能服从命令，使百事振兴，无一荒废；尧又让舜到都城的四门去招待宾客，于是四方诸侯前来的宾客都对舜肃然起敬；尧派舜进入山麓中的大森林，舜能够受烈风雷雨的考验而在大森林中不迷失方向。

依记载可知，舜的后母歹毒，弟弟顽劣。但是舜对父母孝敬，对兄弟爱护有加，从来不为他们的无理和陷害而发火。传说他到历山去耕作，本来历山一带，人们为争夺田界闹得不可开交，舜到来后，施行仁义，历山的农夫受到他的感化，都争着让起田界来。舜又到雷泽去打鱼，本来雷泽的渔夫也因争夺渔场的事经常发生矛盾，舜去了以后，还是以仁义谦让的态度来打鱼，使得雷泽的渔夫也争着让起渔场来。他有着高超的制陶技术，又能耐心地传授别人，以至于过了不久，河滨陶工们做的陶器也都美观耐用了。因为他行仁义，能团结人、帮助人，因而在他周围居住生活的人越聚越多，不久变成一个大的村庄。

天下的首领尧在四处寻访贤人时，听到了舜的好名声，四方酋长（四岳）又纷纷推荐舜，人人都说舜是个理想的继承人，于是尧便果断地把两个女儿娥皇、女英嫁给他。又给了他许多牛羊、粮食，还给他修建了粮仓，送给他葛布衣裳和琴等。后来舜管理天下，成为古代有名的贤君。

《史记·五帝本纪》特别强调尧将天下禅让给舜的事情：“尧老，使舜摄行天子之政，巡狩。舜得举用事二十年，而尧使摄政。摄政八年而尧崩。三年丧毕，让丹朱，天下归舜……践帝位三十九年，南巡狩，崩于苍梧之野，葬于江南九疑，是为零陵……舜子商均亦不肖，舜乃豫荐禹于天，十七年而崩。”

舜即位后巡行四方，调动各方面的力量共同治国。他打败鲧、共工、驩兜、三苗等人（实即部落），国家大治。孔子称赞他的德政：“无为而治者，其舜也与！夫何为哉，恭己正南面而已矣。”（《论语·卫灵公》）

舜是以孝悌闻名而被尧选为接班人的。孟子说：“大孝终身慕父母。五十而慕者，予于大舜见之矣。”（《孟子·万章上》）最孝顺的人终身都爱慕父母。到了五十岁还爱慕父母的，我在伟大的舜身上见到了。舜通过大孝实现了家齐，进而实现了国治，最后实现了天下平。舜是儒家标榜的以孝治天下的楷模，也是修身、齐家、治国、平天下的楷模。

9. 夏禹

【图像】

画面上的夏禹有短髭，身向右，但面朝左。头上冠呈三角形，似斗笠状，全身衣裳同前数人，左手向右平伸，手掌向上，右手平屈上抬，拿着一个短柄臿形农具。左侧隔栏上隶书榜题十八字：“夏禹长于地理，脉泉知阴，随时设防，退为肉刑。”（见图 2−11）

图 2−11

【图义】

禹，夏后氏，姒姓，名文命或禹，史称大禹、帝禹，是继尧舜之后传说中古代有名的帝王。“大禹治水”的故事脍炙人口，很多古籍都有记载。

《庄子·天下》记载：“昔者禹之湮洪水、决江河而通四夷九州也。名山三百，支川三千，小者无数。禹亲操橐耜，而九杂天下之川。腓无胈，胫无毛，沐甚雨，栉疾风，置万国。”把他称作“大圣”。

《韩非子·五蠹》说：“禹之王天下也，手执耒臿，以民为先。股无胈，胫不生毛，虽臣虏之劳不苦于此矣。”

《淮南子·本经训》记载：“禹疏三江五湖，辟伊阙，导廛涧，平通沟陆，流注东海。鸿水漏，九州干，万民皆宁其性。”

《史记·夏本纪》记载：“禹乃遂与益、后稷奉帝命，命诸侯百姓兴人徒以傅土，行山表木，定高山大川。禹伤先人父鲧功之不成受诛，乃劳身焦思，居外十三年，过家门不敢入。薄衣食，致孝于鬼神。卑宫室，致费于沟淢。陆行乘车，水行乘船，泥行乘橇，山行乘檋。左准绳，右规矩，载四时，以开九州，通九道，陂九泽，度九山。令益予众庶稻，可种卑湿。命后稷予众庶难得之食。食少，调有余相给，以均诸侯。”禹接受了舜的命令，与益、后稷一起到任，命令诸侯百官发动那些被罚服劳役的罪人分治九州土地。他一路上穿山越岭，树立木桩作为标志，测定高山大川的状貌。禹为父亲鲧因治水无功而受罚感到难过，就不顾劳累，苦苦地思索，在外面生活了十三年，几次从家门前路过都没进去。他节衣缩食，尽力孝敬鬼神。居室简陋，把资财用于治理河川。他在地上行进乘车，在水中行进乘船，在泥沼中行进就乘木橇，在山路上行进就穿上带铁齿的鞋。他左手拿着准和绳，右手拿着规和矩，还装载着测四时定方向的仪器，开发九州土地，疏导九条河道，修治九个大湖，测量九座大山。他让益给民众分发稻种，可以种植在低洼潮湿的土地上。又让后稷赈济吃粮艰难的民众。粮食匮乏时，就让一些地区把余粮调剂给缺粮地区，以便各诸侯国都能有粮食吃。

孔子对大禹高度赞扬："禹，吾无间然矣。菲饮食而致孝乎鬼神，恶衣服而致美乎黼冕，卑宫室而尽力乎沟洫。"（《论语·泰伯》）这幅画像表现出夏禹平治洪水、为民谋利的形象。

大禹是中华文明史上伟大的治水英雄，他的"腓无胈，胫无毛，沐甚雨，栉疾风""居外十三年，过家门不敢入"的事迹激励着无数人砥砺前进。我们要学习大禹为民谋福的远大志向、公而忘私的为民举善、调查研究的严谨态度、身先士卒的工作作风，并努力把这种崇高精神永远传承发扬下去。

10. 夏桀

【图像】

画面上夏桀处于正中，面朝右，右手弯曲握一似戈的兵器，扛到肩上。左手前伸，戴一前高后低冠，未戴冕旒。他骑在两个女子身上。两女子一个面向右，一个面向左，皆双膝跪地，双手前伸，作将要匍匐状。左上角隶书题"夏桀"二字。（见图 2−12）

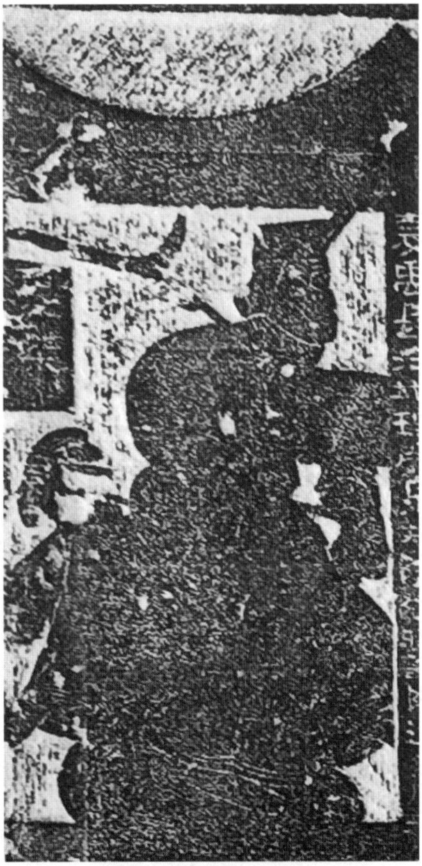

图 2−12

【图义】

桀是夏王朝的最后一个国王，名叫履癸。此人身材魁梧，相貌堂堂，力气极大，能把坚硬的鹿角折断，不用兵器就能和虎狼搏斗，样子十分英武，可是办了许多坏事。

《尚书·汤誓》中记载着商汤伐桀时的誓词，历述了夏桀的罪恶。《史记·夏本纪》说："桀不务德而武伤百姓，百姓弗堪。乃召汤而囚之夏台，已而释之。汤修德，诸侯皆归汤。汤遂率兵以伐夏桀。桀走鸣条，遂放而死。"《墨子》说桀是个很勇武的人，他能"生裂兕虎"，又很残暴，"指画杀人"。古人还传说"桀驾人车"，言此人残暴。正是这个暴君使四百年的夏朝失了国。

夏桀自己认为天下是他私家的财产，他是天下的主人，役使百姓是应该的。他常把自己比作天上的太阳，饱受压迫的人们却指着太阳骂："你这可恶的太阳，为什么还不早死呢？假如你能死去，哪怕我们和你一起死去也心甘情愿。"贤臣关龙逄对他谏诤，被他杀了头；给他做御膳官的伊尹劝他，他也不听，导致伊尹投靠于汤。暴君夏桀在众叛亲离的情况下，还与有仍氏（位于今山东济宁）会合诸侯，攻灭有缗氏（位于今山东济宁金乡）。因而激起夏民及周边各族人民的反抗，终于为商汤所灭，他出奔南巢而死。

【评述】

远古帝王图生动地表现了两种景象：伏羲女娲到尧舜禹等前九幅图像反映出古代圣王手执工具为民谋利，最后一幅夏桀这一暴君乘坐"人辇"奴役人民，使善与恶、贤与奸、美与丑形成鲜明对比，形象地表现出人们的爱和憎。同时也反映出了儒家的传统政治哲学，即围绕为政者如何进行统治的问题，由此形成了两种答案：一是人民心悦诚服于如尧舜禹汤文武周公这样的圣王的道德品质和超群才能，即悦服于“德”；一是人民无奈屈服于君主的暴力统治，如对桀、纣等暴君以及霸主型诸侯的臣服，即屈服于“力”。这告诉人们一个真理：“得民者昌，失民者亡”，“得众则得国，失众则失国”。

第三节　孝道故事

武梁祠西壁画像第三层自右至左刻孝道故事：曾母投杼、闵子骞御车失棰、老莱子娱亲、丁兰刻木供父。孝道故事在武氏祠石刻中数量最多，比重最大，足见孝道伦理思想在中国古代思想文化中的重要地位。

1. 曾母投杼

【图像】

画面中二人，左面一人双膝跪地，右面曾母坐在一架织布机上，扭过头来，张起左手。左上方有榜题二十四字：“曾子质孝，以通神明，贯感神祇，著号来方，后世凯式，以正模纲。”曾母下方隔栏上有题字：“谗言三至，慈母投杼。”下跪之人应是曾子，如果说是第三次前来告诉曾母的人，也有道理。（见图2–13）

图 2–13

【图义】

曾母就是曾子的母亲。曾子，名参，字子舆，孔子的著名弟子，对孔子的思想“一以贯之”，在修身和孝道上有突出建树，以孝子、贤人的典型形象受到历代人们的赞扬。被后世尊为“宗圣”。此图把曾子的两个故事综合在了一个画面上。

一个是“曾子至孝”。榜题说“曾子质孝，以通神明”，就是《孝经》说的“孝悌之至，通于神明”。以曾子与其母之间的心灵感应，显示曾子的孝行。佚名《孝子传》记载：“乐正子春者，曾子门人也，来候参，参采薪在野，母啮右指，旋顷走归。曰：‘参负薪，右臂痛，薪堕地。’母曰：‘客来，无所使，故啮指呼女耳。’参乃悲然。”这一典故被后世采入著名的“二十四孝”。一个是“曾母投杼”。榜题说“谗言三至，慈母投杼”，是说谗言的危害。“曾母投杼”记载于《战国策·秦策》，故事说：从前曾子住在费国的时候，费国有一个与曾子同名同族的人杀了人。有人告诉曾子的母亲说：“曾参杀人了。”曾母说：“我儿子不杀人。”仍像原来一样织自己的布。过了一会儿，又有人说：“曾参杀人了。”曾母还像原来一样织自己的布。又一会儿，有一个人又告诉曾母说：“曾参杀人了。”曾母害怕了，丢下织布梭越墙逃跑了。曾子的两个故事告诉人们两个道理：

一是孝要入心。以孝为本、孝道为先的孝道观念，影响中国两千多年，至今仍具有极其宝贵的社会意义和实用价值，是当今建立和谐社会的丰富思想道德营养。然而，“孝感神明”历来就有争议，其实有没有“孝感神明”并不重要，重要的是孝子与亲人的心是应该连在一起的，父母与子女之间就应该是一种心心相印的亲情。“母子连心”这句话，就是注脚。

二是拒绝谗言。“曾母投杼”的故事不一定有，或许是甘茂用来说服秦武王不要听信谗言而采用的一个寓言，但它说明一个问题：谗言的危害是巨大的。曾参的母亲是深知儿子秉性的，但是，在流言面前她也相信了，以至于投杼逾墙而走。正如甘茂说的那样：“夫以曾参之贤与母之信也，而三人疑之，则慈母不能信也。”（《战国策·秦策》）这就是“三人成虎”的道理。

2. 闵子骞御车失棰

【图像】

图 2–14

画面中有辆面向右的轺车，一马伫立车辕中。闵子骞父和闵子骞的后母弟坐在车上。子骞后母弟拉着马缰绳，面朝后看，子骞父坐在车后部，有短髭，面朝左，左手抓着车桯，右手摸着跪在车后地上的闵子骞。闵子骞面朝其父，双膝跪地，似在与父亲说话。马上方空处有榜题“子骞后母弟”“子骞父”。闵子骞上方有榜题十八字：“闵子骞与假母居，爱有偏移，子骞衣寒，御车失棰。”（见图 2–14）

【图义】

闵子骞，名损，字子骞，孔子弟子，在孔门弟子中为“四科”中“德行”之一，德行与颜回并称，孝行与曾子并称。孔子曾赞扬他：“孝哉闵子骞，人不间于其父母昆弟之言。”（《史记·仲尼弟子列传》）宋代李昉等人所撰《太平御览》引师觉授《孝子传》记述了闵子骞与其后母的故事。

闵子骞年少时，母亲就去世了。父亲娶了后母，后母不久生下两个儿子。后母对前妻所生的孩子经常虐待，而对自己的孩子格外疼爱。到了冬天，后母用芦花给闵子骞做冬衣。有一次出门，他父母及兄弟们坐在车中，闵子骞赶车。由于天冷冻得发抖，子骞手拿不住鞭子掉到地上。父亲认为他故意不好好赶车，捡起鞭子照闵子骞身上打去，一鞭就把衣服打破了，衣服里向外飘出芦花。父亲恍然大悟，才知道继母虐待了子骞，一气之下，要休掉妻子。闵子骞见此情景，马上跪到父亲面前为继母求情，说："母在一子单，母去三子寒。"恳求父亲不要赶走继母。父亲为他的孝行所感动，不再休妻。继母也很受感动，从此改恶从善，对几个孩子都一视同仁地疼爱了。闵子骞以自己的孝行，收到了阖家团圆的良好效果，成为后世人乐道的大孝子。

图像抓住了子骞父安慰子骞，子骞洗耳聆听，其弟扭头惊讶观望的瞬间状态。三人神情微妙呼应，跃然纸上。

闵子骞的故事不知道感动了多少人。面对继母的虐待，闵子骞没有抱怨，更没有报复。相反，在父亲要休逐继母的时候，他首先想到了两个幼小的弟弟："母在一子单，母去三子寒。"恳求父亲饶恕继母。

闵子骞不愧为孝悌的典范。对亲生父母尽孝，有血缘亲情在，对没有血缘又虐待自己的继母，还能尽孝吗？闵子骞做出了榜样：无论继母对自己怎么样，即使虐待过自己，也应该从家庭和睦的大局出发，对她行孝。这又是何等的孝！放下自己的委屈，首先想到的是弟弟的冷暖，即使是继母所生的弟弟。这是何等的悌！

闵子骞的孝悌品德，推衍到社会也是十分有益的。人生在世难免遇到对自己不好的人，怎么办？记仇？报复？那都是胸怀狭窄的表现。我们应该像闵子骞那样，以大局为重，以他人为先。我们相信，只要有这样高尚的品德，一定能和闵子骞一样，赢得所有人的尊敬和尊重！

3. 老莱子娱亲

【图像】

画面上共四人：左方，莱子父母相对坐于帷帐之下低矮有靠背的木榻上，在莱子父母下方有榜题“莱子父”“莱子母”。其父有短髭，坐的姿态是两膝着地，面朝右，右手扶膝，左手攀右肩，像在听对方讲话的样子；莱子母则盘腿而坐，面朝其父，右手微屈，放于胸前，左手伸开向右方指去，似与莱子父讲话。右面两人，左为莱子妻，站立面向莱子父母，左手前甩，头微低，或是在作长袖舞，或在给莱子父母进食，或向二老说话。其后莱子双膝跪地，头亦微低，右臂向前斜伸，左臂弯曲上举，手持玩具，假扮婴儿，作跌仆状。莱子上方有榜题三十字：“老莱子，楚人也，事亲至孝，衣服斑连，婴儿之态，令亲有欢，君子嘉之，孝莫大焉。”（见图 2–15）

图 2–15

【图义】

《史记》《战国策》《高士传》等书中都记有老莱子的事迹。《二十四孝图》中对老莱子的故事记载得更加详细。

相传老莱子是春秋末年楚国的隐士，自耕而食，对父母极孝。在他七十多岁的时候，九十多岁高龄的父母仍然健在。老莱子白天耕作，回到家里就在堂前侍奉父母，从无倦怠之意。有一天耕作回来，走到堂前，见父母不大愉快，不知缘由的他急忙向前询问，老母什么也不说，老父也只是用手捋着胡须摇头叹气。他经过仔细观察，体会到原来父母是见自己也年已古稀，还连日耕作，奉养双亲，于心不忍。他便对父母说："孩儿还年轻，二老不要发愁。"说罢走了出去。过了一会儿，一个身穿斑斓五彩衣的老莱子，学着小孩子的样子，提着一桶水，蹒蹒跚跚地走到堂前。过门槛时有意跌倒，像婴儿一样"哇哇"啼哭。父母见后，果然露出了笑容。

据说老莱子后来耕于蒙山之下，楚王听到他孝亲的名声，特地派人召他做官。为了仍在父母膝下尽孝，老莱子拒绝了楚王，后来和妻子隐居江南。汉代人著作中曾多次提到老莱子，有的说他就是老子，孔子曾向他学习过；有的还说他著书十几篇，是道家创始人。

早期记载中老莱子并无妻子，自《列女传》出现《楚老莱妻》后，才有其妻增入。其目的是为了表彰孝妇，同时也加重老莱子孝亲的程度。

《孝经·纪孝行章》说："孝子之事亲也，居则致其敬，养则致其乐。"孝亲，不仅仅是让父母得到物质上的满足，更重要的是精神上的满足。老莱子行孝的做法主旨明确，就是千方百计让父母得到精神上的愉悦，保持像婴儿与父母相处的那种令人愉快幸福的感觉，让父母之心常驻于年轻之时。

第四节　刺客故事

武梁祠西壁画像第四层自右至左刻刺客故事：曹子劫桓公、专诸刺王僚、荆轲刺秦王。另外，还有武梁祠东壁画像上的要离刺庆忌、豫让刺赵襄、聂政刺韩王，描绘了春秋战国时期的刺客形象。

1. 曹子劫桓公

【图像】

画面上共有四人，齐桓公盘膝执剑坐于雕花墩上，面向左。管仲站在桓公身后，手举笏，面向桓公。曹沫在齐桓公前面，弓身向右，左手平举，右手执一利刃向桓公腹下欲刺。曹沫身后，隔栏左方，鲁庄公面向右方站立，惊慌失措，左手前伸，似要制止即将发生的事情。他们上方分别有“齐桓公”“管仲”“曹子劫桓”“鲁庄公”的榜题。（见图 2−16）

图 2−16

【图义】

《左传》《公羊传》《吕氏春秋》都记载了曹沫刺桓公的故事，

《史记》之《刺客列传》《齐太公世家》中的记载更加生动具体。

春秋时期鲁国人曹沫，是个很勇武的人，在鲁庄公时为将。当时北方的齐国十分强大，齐桓公采用管仲的主张，使国力强盛起来，曾灭了东方的夷族，势力扩展到东海，与中原各国争霸，对于其南面的鲁国，当然不会轻易放过。齐国接连侵犯鲁国三次，曹沫作为鲁将，羞愧难忍，但又没有办法。鲁庄公面对着北面的强敌，万般无奈，甘愿献出遂邑，要求与齐国和好罢兵，仍任用曹沫为将，守卫边防。

齐桓公为了进一步扩大力量，除战争外，还想在诸侯会盟时迫使鲁国就范，获取更大的利益，便和鲁国约定在柯地会盟。鲁庄公将去赴会，曹沫请求护驾前往。庄公说："你已经三次败于齐国了，不怕齐人笑话吗？"曹沫强忍羞愧，表示要在会盟时为鲁国雪耻，庄公才同意他前去。会盟的那一天，坛台布置得十分肃穆，齐国的管仲做了巧妙安排，一列列兵士执旗把守。齐桓公下令只许鲁公一人登台。曹沫却手执利剑紧跟鲁庄公，别人也不敢阻挡。会盟完毕，齐桓公向鲁国再次提出割地要求时，曹沫一步赶上前去，右手按剑，左手抓住齐桓公的袍袖，怒形于色。管仲急忙上前阻拦，问他为何做此举动。曹沫说："鲁国三番两次受到齐国的侵扰，国就要亡了。齐君不是常说乐于济困扶危吗？为什么不怜悯一下我们呢？"管仲为了解除威胁，急忙又问："您到底有什么要求，尽管说出来。"曹沫说："我们绝无非分的要求。齐国恃强把我们的汶阳之田侵占去，是不对的，我们只要求归还汶阳之田，不要再侵占别处就行了。"桓公不知如何是好，管仲建议桓公快些答应，等桓公答应以后，曹沫才松了手。接着以齐国退还汶阳之田为条件，齐鲁两国订立盟约，曹沫为鲁国争了光。

事情过后，齐国许多大臣愤愤不平，要求齐桓公劫持鲁庄公，要回汶阳之田，以报曹沫之辱。桓公说：“我已经答应过人家，不能再反悔了，一个匹夫尚能言而有信，何况我一个国君呢？”于是把汶阳之田尽数交还鲁国。

2. 专诸刺王僚

【图像】

图 2–17

画面中四人。吴王坐在木榻上，右手握剑，剑尖朝上，左手前伸，向一圆盘中取食。专诸双膝跪在吴王前，左手托鱼盘，右手举短剑，正向吴王刺去。专诸身后两个武士（侍郎）手执长剑，剑尖抵住专诸背后，表现了千钧一发的紧张场面。专诸上方榜题是“二侍郎”“专诸炙鱼，刺杀吴王”。吴王背后上方榜题是“吴王”。（见图 2–17）

【图义】

《左传》《吴越春秋》《越绝书》中均记载了专诸刺王僚的故事。《史记·刺客列传》的记载更为详细。

春秋末年吴国人专诸是个勇士。他家境贫寒，以杀猪为业，却有从政报国之志。当时吴国国王诸樊死后，依理应该由公子光即位，但几经辗转，僚依仗强权当上了国君。公子光心中不服，早有除去吴王僚的打算，经伍子胥推荐，见到专诸。公子光便与专诸结为好友。专诸了解到僚喜欢吃鱼，特地到太湖学了一手烹调鲜鱼的好本事，准备伺机动手。

吴王僚十三年（前 514 年），公子光去见吴王僚，说从太湖请来一个庖人，做的鱼味道十分鲜美，特请王到家中去尝尝鲜。吴王僚知道公子光时时有怨恨之心，本来不大放心，但又一想，如果不去便是失礼，还是前去，只要严加卫护，亦可保证安全。于是赴宴时带去百十名卫兵，操长戟，带利刃，不离左右，自己还穿上三重厚的铠甲。

宴会开始后，凡是进呈菜肴的庖人，都被仔细搜身，戒备森严。两人饮了一会儿酒，公子光说足疾发作，十分疼痛，到里面用布一包即可，之后一步一颠地走了出去。这时专诸手捧托盘，里面盛着一条大鱼，走了过来，依例也被浑身搜查了一遍，没有发现凶器，卫士放了心。谁知专诸早准备好一柄匕首，藏于鱼腹之中。走到吴王僚面前献鱼的时候，忽然从鱼中拔出匕首，照着吴王僚的胸膛猛刺过去。因用力很猛，直刺透三层坚甲，透出背脊。吴王僚大叫一声，顿时气绝身亡。周围卫士一起上前，刀戟并举，登时把专诸剁为肉泥。

接着，公子光出来指挥事先埋伏下的甲士打败吴王僚的卫士，宣布吴王僚的罪状，即位为王，他就是历史上著名的吴王阖闾。

3. 荆轲刺秦王

【图像】

画面四人，荆轲居右，怒目甩发，双臂上举，似向前厮拼。一侍者抱荆轲的腰，极力不使其挣脱。中下一匣，匣盖已开启，樊於期的头露出来。中上一人即荆轲副手秦舞阳，惊恐得匍匐在地。中间柱上，插一戴缨匕首，系荆轲抛出。秦王居左，惊恐扭身，左手伸出防御，右足已高抬欲逃。有四处榜题，分别是“荆轲”“樊於期头”“秦王”“秦舞阳”。（见图 2–18）

图 2–18

【图义】

《战国策》及《史记·刺客列传》记载了荆轲刺秦王这个发生在战国末年的脍炙人口的故事。

荆轲本是战国时齐人，迁居于卫国。此人机智勇敢，好读书击剑，能文能武。到了燕国后，谋士田光把他推荐给燕太子丹。太子丹以上宾的礼节接待他，称之为荆卿。当时秦国势力很强，已经败楚灭韩。待到秦国的军队灭了赵国，追逐公子嘉，大军向燕国边境压来时，燕国面临着被灭亡的威胁。燕太子丹请荆轲以燕国使者的身份出使秦国，准备伺机劫持秦王，索回秦国侵占燕国的土地，如果索要不回来，就把秦王杀掉。

荆轲带着副手秦舞阳及两件献给秦王的礼物——逃到燕国去的秦

国叛将樊於期的人头和燕国督亢地方的地图，来到了秦国。那时向秦国朝贡、投降的很多，秦王嬴政并没有重视对燕国使者的防范，照例在咸阳宫举行接见仪式。荆轲捧着装有樊於期首级的匣子，秦舞阳捧着卷起来的地图，两人相继走上咸阳宫的台阶。秦舞阳本来不是荆轲理想的助手，见到这种场面，相当紧张，因为内心恐惧，连脸色都变了。荆轲向前进献地图，当展开图卷时，原藏在地图里的匕首就露了出来。荆轲急忙用左手揪住秦王长长的袖子，右手从图中拿出匕首向秦王猛刺过去。未等匕首及身，秦王便挣脱了衣袖逃脱，伸手拔背上的剑进行抵御，但因剑太长，拔不出来，经别人提醒，才在背后拔出剑来，挥剑斩断了荆轲的右腿，又绕柱子跑去。荆轲忍痛拿起匕首向秦王猛掷过去，匕首从秦王身边擦过，击中了铜柱，划出一道亮光。这时秦王左右的侍从一拥而上，捉住了荆轲。

【评述】

武氏祠所反映的刺客故事，不仅是“士为知己者死”的简单报恩，还蕴含着最初的“忠信”和“仁义”的思想道德观，如曹子劫桓公，反映了曹沫不惧强齐，挺身而出，解国君之忧；又如专诸为公子光的义而刺吴王僚等，都反映了这一点。但同时，刺客群体也有时代局限性，他们的行为很多具有强烈的功利性，最终成为别人的工具。

春秋战国时期正处于中国古代文明的构建奠基时期，各诸侯国争霸称雄、战乱不断，诸子蜂起、百家争鸣，因此刺客为当时的社会所接纳，所以西汉时期的司马迁还专门为先秦时期的刺客立传。到了汉代，中国文化一统，儒家思想确立了统治地位，刺客精神有悖于社会主流意识，因而慢慢在典籍中销声匿迹。

第三章　武梁祠东壁画像

图 3–1

武梁祠东壁画像石，高184厘米，宽139.5厘米，厚16厘米，锐顶，两边有榫，右下角断裂。画面自上而下分为五层：第一层刻东王公，第二层刻列女故事，第三层刻孝道故事，第四层刻刺客故事和钟离春故事，第五层刻庖厨、车骑。（见图3-1）

第一节　东王公

【图像】

图3-2

东王公正面端坐中央，肩有双翅，头戴一顶高出一截的帽子。左右各有一长发羽人，左方羽人站姿，双手递上三珠树果一串；右方羽人跪姿，举右手呈拜谒状。右上方有一鸟身蛇尾怪兽在飞翔；左上方有一仙女在飞翔；其后有一飞翔羽人，手攀一双头龙，龙头向上翘起；龙身后一仙人骑在一前后有人首的怪物身上；怪物左方一个长尾仙人在飞翔。东王公右方拜谒状羽人的背后有一蹲踞的双人头怪物；怪物身后有一人头蛤蟆，单足站立；其右有一只双颈鸟，其头部不见。（见图3-2）

【图义】

东王公，又称“木公”“东华帝君”“东君”。传说中与西王母相对应的就是东王公。据《神异经》载：“东荒山中有大石室，东王公居焉。长一丈，头发皓白，人形鸟面而虎尾。载一黑熊，左右顾望。”又载：“昆仑之山……上有大鸟名曰希有，南向，张左翼覆东王公，右翼覆西王母。……西王母岁登翼上，会东王公也。”傅玄的《正都赋》中也有“东父翳青盖而遐望，西母使三足之灵禽”等描述。在道教兴起的汉末，东王公和西王母同时被吸纳进道教的神祇系统中。在汉代民间，东王公代表“阴阳”中“阳”的神祇，与西王母相对应。同时作为秦汉登仙思想的产物之一，东王公被认为主管所有得道升仙的男子，与西王母并列，一起作为学道之人得道升仙后的世界里的主要神明，具有接引成仙者的神性。

东王公与西王母在武氏祠汉画石刻中占据特别重要的地位。一是位置醒目显耀，不仅在石刻中出现多次，而且全部刻在山墙的顶尖部位；二是不单单刻画了东王公和西王母，还围绕他们精心描绘了奇异缤纷的神仙世界，着力渲染天界氛围。图中的众仙形象，有人首蛇身的、人首鸟身的、人首兽身的、头长双角的、无足双尾的……不同的族群，各司其职，各居其位，井然有序，和谐相处，表达了人们对大同理想的向往。

第二节　列女故事

武梁祠东壁画像第二层自右至左为列女故事：梁节姑姊、齐义继母、京师节女，均取自西汉的儒家学者刘向编纂的《列女传》卷五《节义》；第四层左侧刻钟离春说齐王的故事取自刘向《列女传》卷六《辩通》。自古巾帼不让须眉，不管是对小家还是大家，女性都不输给男性。在我国历史上，更是不乏道德高尚、有勇有谋的女子。

1. 梁节姑姊

【图像】

图 3–3

画面上共五人。右面一屋宇内冒出火苗，屋宇的左面梁节姑姊半身入内，右臂伸出，欲拉一跌倒面朝上的小儿；其身后一着冠穿袍之人，弯腰拉住梁节姑姊另一只手，阻止她再进去。左上方有两个小儿在玩耍，其中一个是梁节姑姊的儿子。图中分别有榜题“梁节姑姊”“长妇儿”“救者”“姑姊儿”。此图的左下方还有隶书赞语：“姑姊其室失火，取兄子往，辄得其子，赴火如亡，示其诚也。”（见图 3–3）

【图义】

梁节姑姊的故事见于刘向《列女传》卷五《节义》之十二。原文：“梁节姑姊者，梁之妇人也。因失火，兄子与己子在内中，欲取兄子，辄得其子，独不得兄子。火盛，不得复入，妇人将自趣火，其友止之，曰：‘子本欲取兄之子，惶恐卒误得尔子，中心谓何，何至自赴火？’妇人曰：‘梁国岂可户告人晓也？被不义之名，何面目以见兄弟国人哉！吾欲复投吾子，为失母之恩，吾势不可以生。’遂赴火而死。君子谓节姑姊洁而不污。诗曰：‘彼其之子，舍命不渝。’此之谓也。”

梁节姑姊是春秋时期梁国的一个妇人，有一天，她家中不幸失火，其兄长的儿子及自己的儿子都被大火围在屋内。大火熊熊，墙倒屋塌，她奋力闯进屋中，想要救出兄长的儿子。但抱出来一看，是自己的儿子，没有救到兄长的儿子。火势越来越大，已不能进去救人，她仍要再进火场。别人伸手拉着她说："你看大火熊熊，谁也进不去了。我们都知道你是想先救兄长的儿子，只是慌乱中误把自己的儿子救了出来，这并不能怪你，你不要再冲进火里去了。"这个妇人说："我如果只救出自己的孩子，不管兄长的孩子，梁国人都会知道我办事为私，落一个不义的恶名，又有什么面目去见国人呢？我如果把自己的孩子再投入火中，又失去慈母之恩。我只能拼上性命再去一次。"一面说着，一面挣脱别人的阻拦，赴火而死。

《列女传》为之颂："梁节姑姊，据义执理。子侄同内，火大发起。欲出其侄，辄得厥子。火盛自投，明不私己。"

舍己为人，舍生取义，大义凛然！孟子说："生，亦我所欲也；义，亦我所欲也。二者不可得兼，舍生而取义者也。"（《孟子·告子上》）梁节姑姊用实际行动践行了这句话。我们不提倡无谓的牺牲，但要学习这种精神。

2. 齐义继母

【图像】

画面上刻五人，最右一人面左骑马持剑，是前来追捕的官吏；正中下面一死人仰卧；死者上方一人右向跪，为齐义继母的亲儿子；左一人为前母的儿子，站立躬身，右手持一匕首。最左边为齐义继母，着长裙，左臂前伸，两手指前面跪地之人，意即请追吏惩治自己亲生

的儿子。分别有榜题“追吏骑”“死人”“后母子”“前母子”“齐继母”。（见图 3–4）

图 3–4

【图义】

刘向《列女传》卷五《节义》之八记载了齐义继母的故事。原文：“齐义继母者，齐二子之母也。当宣王时，有人斗死于道者，吏讯之，被一创，二子兄弟立其傍。吏问之，兄曰：‘我杀之。’弟曰：‘非兄也，乃我杀之。’期年，吏不能决，言之于相，相不能决，言之于王，王曰：‘今皆赦之，是纵有罪也；皆杀之，是诛无辜也。寡人度其母，能知子善恶。试问其母，听其所欲杀活。’相召其母问之曰：‘母之子杀人，兄弟欲相代死，吏不能决，言之于王。王有仁惠，故问母何所欲杀活。’其母泣而对曰：‘杀其少者。’相受其言，因而问之曰：‘夫少子者，人之所爱也。今欲杀之，何也？’其母对曰：‘少者，妾之子也。长者，前妻之子也。其父疾且死之时，属之于妾曰：善养视之。妾曰：诺。今既受人之托，许人以诺，岂可以忘人之托而不信其诺邪！且杀兄活弟，是以私爱废公义也；背言忘信，是欺死者也。夫言不约束，已诺不分，何以居于世哉！子虽痛乎，独谓行何！’泣下沾襟。相入言于王，王美其义，高其行，皆赦不杀，而尊其母，号曰义母。君子谓义母信而好义，洁而有让。《诗》曰：‘恺悌君子，四方为则。’此之谓也。”

战国齐宣王时期，在齐国某地发生了一起打架斗殴的事件，一个人被打死。官吏赶到现场审讯，只见死者身上被捅了一刀，尸体旁站着同父异母的两个少年。官吏问凶手是谁，哥哥说“这个人是我杀死的”，弟弟说“不是哥哥，这个人是我杀的”。兄弟二人争执不下，官司判了一年，也没得出结果来，只好去报告齐宣王。齐宣王说：“如果都赦免了吧，那就把一个真正的罪犯放了；如果都杀了吧，那必然会冤枉一个无罪的人。我想他们的母亲应该了解自己儿子的善恶情况，可以问问他们母亲的想法，由她来确定谁该杀，谁不该杀。”于是大臣便把他们的母亲找来，将齐宣王只杀有罪、免伤无辜的主张告诉了她，询问她的想法。其母亲听到后，边哭边告诉官吏：“那你就杀死小的吧。”官吏听到她的回答，反问道：“小儿子一般都是最受疼爱的，你现在却想要杀掉他，为什么呢？”母亲说：“小儿子是我亲生的，大儿子是我丈夫前妻的儿子。他们的父亲临死前曾嘱咐我，要我好好照顾前妻的儿子，我当时答应了。现在既然受人之托，又有诺言在先，怎么能忘人之托，不守诺言呢？我如果主张把大儿子杀了，就是因为私爱而违背道义；背弃承诺，又是欺骗死者。如果做了那样的事，我还有什么脸面活在世上。”说着流下泪水。官吏马上将此情况报告给齐宣王，齐王认为她的举动是符合道义且高尚的，为了对她的行为加以赞美，当即决定将她的两个儿子一起赦免，并且将其封为“义母”。

《列女传》为之颂："义继信诚，公正知礼。亲假有罪，相让不已。吏不能决，王以问母。据信行义，卒免二子。"

此故事有两个感人之处：一是兄弟情深，争相赴死。在出了命案、难以辩解的情况下，兄保弟，弟保兄，明知是死却争相认罪，实属罕见，感人至深。二是为信守对亡夫的承诺，不惜牺牲亲子。这种兄弟之义和守信之诚难能可贵。

3. 京师节女

【图像】

图 3–5

画面中有二人，一间房子，两柱中间置一床。床上覆以被褥，京师节女头朝右面躺于床上。怨家在左，身着短衣，手持利刃，俯身向右，正要杀床上之人。有榜题"京师节女""怨家攻者"。（见图 3–5）

【图义】

表彰舍身救父与夫的京师节女的故事，见于刘向《列女传》卷五《节义》之十五。原文：“京师节女者，长安大昌里人之妻也。其夫有仇人，欲报其夫而无道径，闻其妻之仁孝有义，乃劫其妻之父，使要其女为中谲。父呼其女告之，女计念不听之则杀父，不孝；听之，则杀夫，不义。不孝不义，虽生不可以行于世。欲以身当之，乃且许诺，曰：‘旦日，在楼上新沐，东首卧则是矣。妾请开户牖待之。’还其家，乃告其夫，使卧他所，因自沐居楼上，东首开户牖而卧。夜半，仇家果至，断头持去，明而视之，乃其妻之头也。仇人哀痛之，以为有义，遂释不杀其夫。君子谓节女仁孝厚于恩义也。夫重仁义轻死亡，行之高者也。《论语》曰：‘君子杀身以成仁，无求生以害仁。’此之谓也。”

西汉京城长安大昌里有一个女子，其丈夫和别人结下了仇怨。仇人要找她丈夫报仇，找不到门径。听说此女子素有仁义，便将女子的父亲劫去，以此为要挟。女子心想：如果不听从歹徒的要求，父亲就要被杀，这是不孝；听从了歹徒的话，丈夫就要被杀，又是不义。自己不孝不义，就算活着也不会被世间认可。她打算牺牲自己，于是先跟仇家应承下来，跟仇家说天亮的时候，在楼上刚洗完头，睡在东侧的就是她的丈夫，她会先把窗户打开等待仇人去复仇。跟仇人说完后，她当即返回家中，叫丈夫睡到别处，自己洗完头，独自到了楼上，打开窗户躺到床上。到了半夜时分，仇家果然来报仇，割下床上人的头颅，拿着走了。天亮后一看，却是仇人妻子的头颅。仇人非常悲痛，被此女子舍身为父为夫的道义品质所感动，于是便将她父亲释放回去，也不再找她丈夫报仇了。

《列女传》为此颂曰：“京师节女，夫仇劫父。要女间之，不敢不许。期处既成，乃易其所。杀身成仁，义冠天下。”

从舍命救父救夫的角度来说，京师节女为救丈夫和父亲而献出自己的生命，是大孝大义之举，舍生取义的精神让人叹惋。同时，我们也从中看到儒家孝义观对当时社会风气及价值观的影响乃至束缚。

4. 钟离春说齐王

【图像】

图 3–6

图在第三层最左侧。画面仅钟离春和齐王两人。钟离春在左方，头戴五梁冠，斜身而立，侧面向右，作进谏状。右面齐王头戴斜顶高冠，佩剑，侧面向左，面向钟离春站立，右手前伸，躬身张手作欢迎状。有“齐王”“无盐丑女钟离春”二榜题。（见图 3–6）

【图义】

刘向《列女传》卷六《辩通》之九有无盐丑女钟离春的故事。文中说："钟离春者，齐无盐邑之女，宣王之正后也。其为人极丑无双，臼头深目，长壮大节，卬鼻结喉，肥项少发，折腰出胸，皮肤若漆。行年四十，无所容入，衒嫁不雠，流弃莫执。于是，乃拂拭短褐，自诣宣王。"齐宣王两次召问，"钟离春对曰：'今大王之君国也，西有衡秦之患，南有强楚之仇，外有二国之难；内聚奸臣，众人不附；春秋四十，壮男不立；不务众子，而务众妇；尊所好，忽所恃；一旦山陵崩弛，社稷不定，此一殆也。渐台五重，黄金白玉，琅玕笼疏，翡翠珠玑，幕络连饰，万民罢极，此二殆也。贤者匿于山林，谄谀强于左右，邪伪立于本朝，谏者不得通入，此三殆也。饮酒沉湎，以夜继昼；女乐俳优，纵横大笑；外不修诸侯之礼，内不秉国家之治，此四殆也。故曰：殆哉！殆哉！'于是宣王喟然而叹曰：'痛乎无盐君之言，乃今一闻。'于是拆渐台，罢女乐，退谄谀，去雕琢，选兵马，实府库。四辟公门，招进直言，延及侧陋，卜择吉日，立太子，进慈母，拜无盐君为后。而齐国大安者，丑女之力也"。

钟离春是齐国无盐邑（今山东东平）人，相貌极丑，年过四十还没有嫁出去。她额头突出，眼睛下凹，朝天鼻，喉结比男性还大，脑袋和肚子都很大，头发稀疏，皮肤黝黑。但她很有才华，饱读诗书，志向远大。当时的齐宣王政治腐败，纲纪不振，钟离春决定前去齐国王都劝谏齐宣王。她在王宫外面自荐说："我是齐国嫁不出去的女子，听说君主圣明有德行，愿意为君王打扫后宫，现在司马门外磕头，希望能得到恩准。"齐宣王召见了钟离春两次，在第二次面见齐宣王时，钟离春抬起头来直言不讳地指出齐宣王当前面临的四大危险：第一，外有秦、楚两个大国的威胁，大王却笼聚奸臣，声色犬马；第二，大王修宫室，筑高台，大兴土木，收罗珍宝，玩物丧志；第三，大王疏贤臣，近佞人，贤良之人无从进谏；第四，大王日夜沉湎于酒色之中，既不同其他诸侯国交往，也不处理本国内政。齐宣王听后如梦初醒，十分感慨，于是马上“拆渐台，罢女乐，退谄谀，去雕琢，选兵马，实府库。四辟公门，招进直言”。又挑选了一个吉祥的日子，封钟离春为王后，令太子尊其为慈母，自此齐国逐渐强盛起来。

“国家兴亡，匹夫有责”，人人都该有报国之志。钟离春作为一个普通女性，为了国家安危挺身而出，冒死诤谏，终使国家走上正轨。同时“人不可貌相”，钟离春虽奇丑无比，却怀治国之才、兴国之策；而作为上位者和领导者，要有坦诚纳谏的胸襟。

【评述】

武氏祠中的列女故事画像，有楚昭贞姜、梁寡高行、秋胡戏妻、鲁义姑姊、梁节姑姊、齐义继母、京师节女和无盐丑女钟离春八个故事。这些画像都取材自刘向的《列女传》，按照《列女传》的分类标准，这些题材主要出自“贞顺”“节义”“辩通”篇，具体归为两类就是“贞顺节义”和“胆智才华”。其中，“节义”是武氏祠中列女画像表现的重点。

武氏祠中的列女故事，既有追求自身道德素养的“义”，也有忠君、事君的“义”，更有心存天下百姓的“义”。她们对于“义”的追求，往往是选择牺牲自我的利益以顾全大局，有的甚至不惜牺牲宝贵的生命。这些故事固然是当时历史社会环境的产物，具有一定的历史局限性，但不可否认的是，这些故事并非仅仅强调贞节、烈女，其中也包含了仁义、忠信等传统美德，这些都是值得后世宣扬和继承的。

第三节　孝义故事

武梁祠东壁画像第三层自右至左刻孝道故事图：三州孝人、义浆羊公、魏汤、赵徇、孝孙原谷。

1. 三州孝人

【图像】

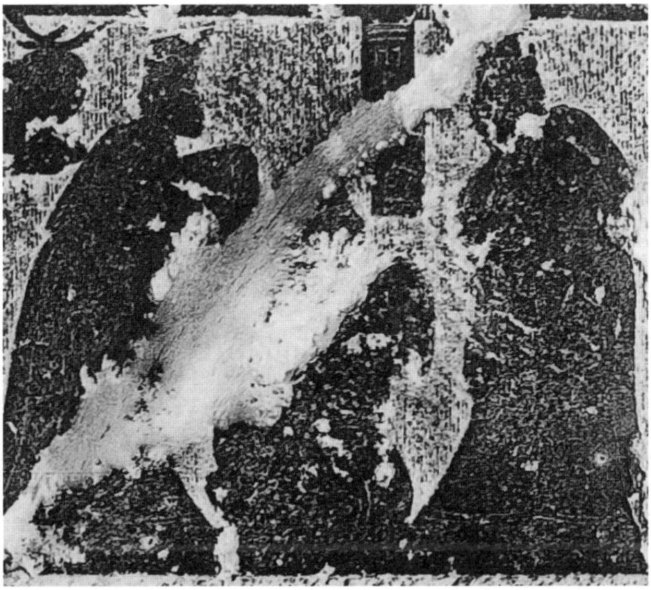

图 3–7

图中有三人，当中跪一人，应即孝子，其前一人受其跪者，当为义父。其后一人站立者，是孝子的兄弟。有榜题“三州孝人也”。（见图 3–7）

【图义】

武梁祠画像三州孝人的故事，位置在东壁第三层右方。《太平御览》卷六十一载："萧广济《孝子传》曰：三洲人者，各一洲人，皆孤单茕独。三人暗会树下息，因相访问。老者曰：'宁可合为断金之业邪？'二人曰：'诺。'即相约为父子。因命二人于大泽中作舍，且欲成。父曰：'此不如河边。'二人曰：'诺。'河边舍几成，父曰：'又不如河中。'二人复填河，二旬不立。有一书生过之，为缚两土肫投河中，会父往，呼止之，曰：'尝见河可填耶？观汝行耳。'相将而去。明日俱至河边，望见河中土高丈余。"

有三个州（洲）的三个孤独无依的人聚在一起，两个年轻人拜老者为父。老者让他们在河边建屋，房子快盖好时，又让他们到河中心建屋，兄弟俩听从了老者的话，又往河中填土，二十天不见成效。有一个书生从这里经过，帮助他们往河中投了两个大土坯。父亲说："河哪能填平呢？我是考验他们的德行啊。"说完大家就一同离开了。第二天他们再来到河边，看见河中竟然出现了一个高一丈多的土台。

三个流浪汉结拜为父子，虽彼此没有血缘关系，义子却能对义父行孝，值得称道。在儒家孝道思想的影响下，即使是素不相识的人所组成的家庭，也能恪守家庭伦理道德规范，尽心行孝。

2. 义浆羊公

【图像】

画面上共二人。羊公居右侧坐，两手向前，作递物状。左边一人站姿，两手前伸，作接物状。中间有一只瓮，瓮上放一只勺子。有"义浆羊公""乞浆者"二榜题。画面形象地表现出羊公施舍义浆的情形。（见图 3-8）

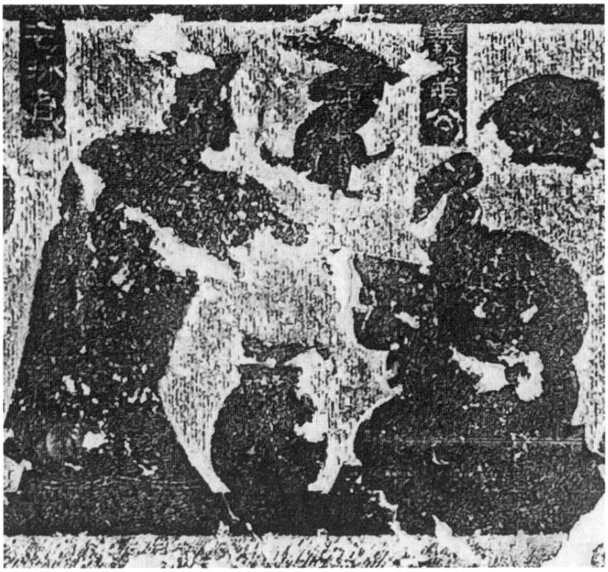

图 3–8

【图义】

羊公施舍义浆的故事最早出现在晋人干宝的《搜神记》中。

羊公名为杨伯雍，洛阳人，是个做小买卖的人。他十分孝顺，父母死后，他把父母埋葬到无终山，并在无终山上安家。无终山高八十里，山上没有水。羊公汲水到山上，无偿地给过往行人饮用。过了三年，有一个过路人饮了他的义浆以后，给了他一斗石子，叫他到高山上平坦有石头的地方种上，告诉他："玉会从这个地方生长出来。"羊公没有家室，这个人又说："你不久就会有个称心如意的妻子。"说完就不见了。羊公于是按照那个人所说的方法种下石子，过了几年，石头上果然生出了小玉石，没人知道这件事。有个姓徐的人，是当地的一个大姓，有一个女儿，容貌秀丽，品行端正，多少人前去说媒，都不答应。羊公也试着前去求婚，姑娘的父亲大笑，戏弄他说："你如果能拿一双白璧来，我便应允。"羊公回到自己种石子的地方，得到了五双白璧，以此当作聘礼。

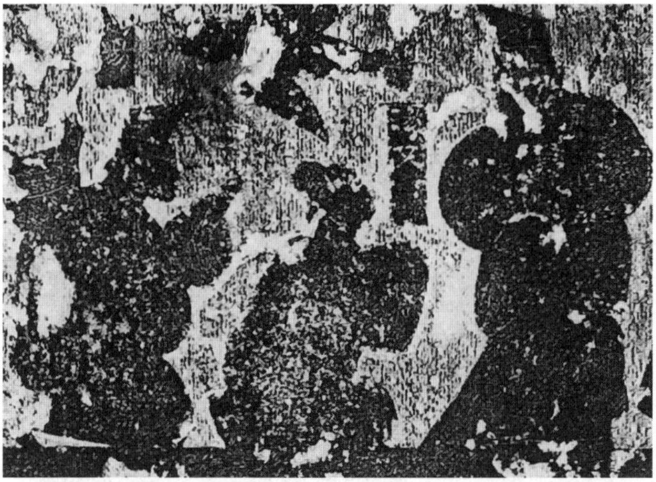

图 3–9

徐氏大惊失色，便把女儿嫁给了他。皇帝听说后非常诧异，将他拜为大夫，又在他种玉的地方，四角各立一根一丈的大石柱，中间有一顷地的地方，称作“玉田”。

此故事还见于《太平御览》《艺文类聚》等书。

与人为善、乐善好施，是中华民族的传统美德。今日宣扬的助人为乐、舍己为人，其精神实质与其是一脉相承的。

3. 魏汤

【图像】

画面上有三人。右边一个少年面朝左，身材高大，手持一剑；中间魏汤的父亲面朝右跪；左边魏汤跪在父亲身后，举起双臂，作诉说乞求状。（见图 3–9）

【图义】

魏汤的故事见宋人李昉等撰的《太平御览》引《孝子传》。

汉朝人魏汤，自小便失去了母亲，与父亲相依为命。魏汤十分孝顺地奉养父亲，恪尽孝道。魏汤的父亲有自己使用的刀戟，市南有个恶少想要据为己有，魏汤对他说："这些东西都是老父亲十分珍爱的，我不能轻易送给别人。"恶少因此怀恨在心，去殴打魏汤的父亲，魏汤为此跪下叩头求饶，恶少依然没有停手，最后在路过的书生的调解下才作罢。魏汤将这件事记在心里，等到父亲去世后，魏汤便复仇恶少来祭奠父亲。

诚然，孝是中华民族的优良传统，但什么都有个"度"，过了，就走向反面。孔子就说"过犹不及"，事情做过头了就跟做得不够一样，都是不合适的，行孝不可逾越道德、法律的界限。

4. 赵徇

【图像】

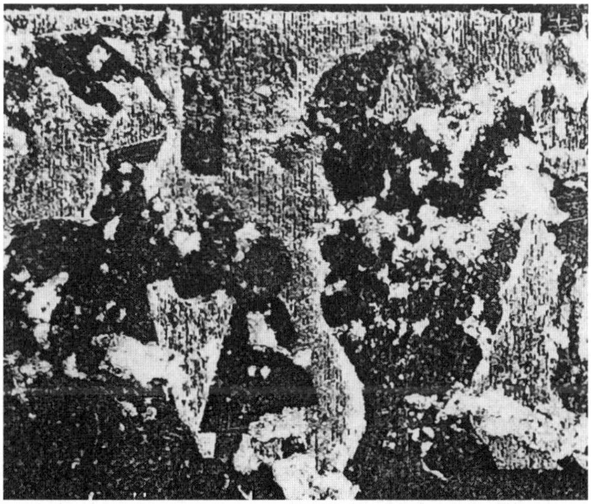

图 3–10

画面中有二人，一个大人坐在左方矮榻上，一个儿童面朝大人站立。此图榜题已损毁，难以辨认。据图推测应为赵徇孝亲的故事。（见图 3–10）

【图义】

故事见于南朝师觉授所著《孝子传》，此书今已散佚，但书中赵徇孝亲的故事因被《太平御览》和《初学记》所引用而保存下来。

赵徇从小便有孝顺的品性，在他五六岁的时候，只要得到好吃的食物，总是先给父亲吃。父亲外出，便等父亲回来后再吃。过了一定的时间父亲还没回来，赵徇便倚着门一边哭一边等父亲回来。过了几年，父亲去世，赵徇因为过分追念父亲，时常痛哭哀号，身体变得羸弱憔悴，而且一直住在父亲坟墓的旁边。家乡的族人无不叹息，赵徇因此闻名。汉安帝时期，赵徇做官至侍中一职。

赵徇从小就知道孝敬父亲，难能可贵，孝道教育就应该从孩提时期抓起。

5. 孝孙原谷

【图像】

画面上有三人。左侧祖父坐在地上；孝孙站在中间，右手执舆，回头面向父亲；其父站在右侧，面向左举着手。有“孝孙”“孝孙父”“孝孙祖父”三处榜题。（见图 3-11）

【图义】

这一故事见于《孝子传》，载于《太平御览》卷五百一十九。

原谷的祖父年迈，原谷的父母心生厌恶之情，想抛弃原谷的祖父。当时原谷十五岁，哭着劝谏说，祖父生儿育女，一辈子勤劳节俭，哪里有父亲老了就把他抛弃的人呢？这是违背道义啊！父母不听他的劝告，做了一辆手推车，推车将原谷的祖父抛弃在野外。原谷跟在后面，把小推车收了回来。父亲说：“你为什么收回这不吉利的器具？”原谷说：“等将来你们老了，我就不需要再做这样的器具，因此现在先

图 3–11

收起来。”他的父亲很惭愧，对自己的行为感到后悔，于是把祖父接了回来赡养。

《孝经》说：“夫孝，天之经也，地之义也，民之行也。”孝敬父母，是为人子女应尽的责任和义务。而家长作为孩子的第一任老师，更应言传身教，成为孩子的榜样。

【评述】

参见第二章第三节“评述”。

第四节　刺客故事

武氏祠东壁画像第四层自右至左刻刺客故事：要离刺庆忌、豫让刺赵襄子、聂政刺韩王。

1. 要离刺庆忌

【图像】

图 3-12

画面上四人。舟上三人，庆忌在中间，坐于船上，庆忌左右，各坐着一个侍卫，手执长矛。要离在船下浮于水中，头发被坐在船上的庆忌抓住。有“王庆忌”“要离”二榜题。（见图 3-12）

【图义】

要离刺杀庆忌的故事，多部古籍都有提到，完整的记载则见于《吕氏春秋》《吴越春秋》两书中。

吴国的公子光派遣专诸刺杀了当时的吴王僚，自立为王之后，为杜绝后患，又想杀掉吴王僚的儿子公子庆忌。庆忌有万夫之勇，要杀掉他并不容易。刺客要离体形矮小，容貌丑陋，但有勇气和谋略，于是伍子胥推荐了他。要离设计了一出苦肉计，让吴王断了他的右臂并杀掉他的妻子。要离辗转于各国，假装避难并散布自己的遭遇，因此得到了在卫国避难的庆忌的同情与信任。要离帮助庆忌训练水军，然后顺流而下攻打吴国。要离与庆忌乘坐一条战船，要离力气小，坐在上风处，借风势刺杀庆忌。而庆忌孔武有力，虽然身受重伤，还是把瘦小的要离扔到江中，并抓住要离的头发反复按入水中。然后把他提起来放到膝上，苦笑着对要离说："你真是天下难得的勇士，敢来刺杀我。"庆忌的卫士要杀死要离，被庆忌制止，说："这是天下难得的勇士，怎么能一天连死两个勇士呢？放他回吴国，以此来表彰他的忠勇。"要离坐船到江陵就停下了，一块赶路的人问他为什么不走。要离说："我杀掉我的妻子，来侍奉君王，是我不仁；我为了新君王而刺杀旧君王，是我不义。现在我贪图生命而苟活于世，这也是不义。一个人犯了三次恶行，我还有什么脸面来面对天下人？"于是自杀。

2. 豫让刺赵襄子

【图像】

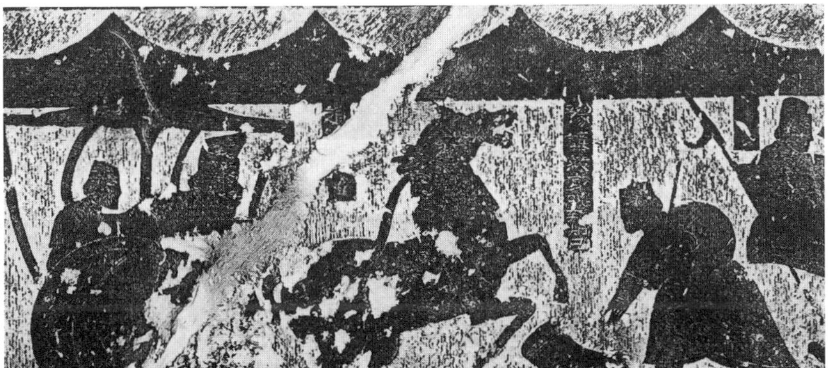

图 3-13

画面中有三人一马一车。左边轩车上坐着赵襄子及其侍从，驾车之马惊恐扬蹄，中间地上有一件衣服，右边豫让持剑倾身。有"豫让杀身，以报知己""赵襄子"二榜题。（见图 3-13）

【图义】

《史记》《战国策》《吕氏春秋》《说苑》中均记载有豫让刺赵襄子的故事，其中《吕氏春秋》《说苑》中记载的是另外两个不同的故事版本，与《史记》《战国策》有异。

晋国有个叫豫让的人，曾先后投奔晋国的范氏和中行氏两个大夫那里效力，但都未被重用。于是豫让改投到智伯门下，受到重用，因而他对智伯特别敬重。后来在战争中智伯战败，被赵襄子所杀，头盖骨被涂上漆用作饮器。豫让计划刺死赵襄子，为智伯报仇。

第一次刺杀赵襄子，豫让藏身于厕所中，却被抓住。赵襄子敬重他的忠义而放了他。第二次他在身上涂满漆，使身上长满毒疮，又吞炭破坏了嗓音，乔装成一个乞丐。一次赵襄子出行，豫让摸清了时间和路线，提前埋伏在赵襄子出行路过的桥下，想找机会再行刺。不料过桥时马突然受惊，赵襄子命人搜查，又将豫让抓住。赵襄子于是责问豫让说："你不是也曾侍奉过范氏、中行氏吗？智伯把他们都杀了，你不为他们报仇，反而投身效力智伯。现在智伯也死了，你为什么唯独急切地为他报仇呢？"豫让说："我侍奉范氏、中行氏，他们都把我当作一般人看待，所以我也像一般人那样对待他们。而智伯把我当作国士看待，所以我就像国士那样报答他。"赵襄子既感慨又感动，但这次不再打算释放他。豫让知道这次会被杀死，无法实现杀掉赵襄子的愿望，于是请求得到赵襄子的一件衣服，用剑刺衣象征性地刺杀。赵襄子再一次被他的大义所感动，把衣服脱了下来交给豫让。豫让多次跳起来刺击衣服，说："我死后也可以跟智伯有个交代了。"接着伏剑自杀。

3. 聂政刺韩王

【图像】

图 3–14

图中有四人。韩王坐在右方，身后有靠背。聂政坐在韩王前方，腿上放着琴，一手举起匕首刺向韩王。聂政后面一人坐。聂政上方，一人手持匕首，躬身前来救助韩王。有二榜题“韩王”“聂政”。（见图 3–14）

【图义】

《战国策》《史记》等书均记载有聂政刺杀侠累的故事。聂政是战国时期韩国人，因杀人后躲避仇敌，与母亲、姐姐一起迁居齐国，以屠宰业为生。韩国大夫严仲子与韩相侠累有仇怨，怕被侠累杀害而潜逃，并四处物色侠士为他报仇。当他逃到齐国后，听说聂政十分勇武，就登门拜访，送出很多财物给聂政的母亲过寿。聂政婉言谢绝了严仲子的礼物，并出于赡养母亲的原因没有答应刺杀侠累的请求，但他心里还是非常感念严仲子。等到母亲去世并丧服期满后，聂政又念及严仲子的知遇之恩，主动去找严仲子，答应去刺杀侠累。严仲子想要加派车骑人手协助聂政，聂政谢绝了，坚持一个人独行。聂政持剑到了韩府，韩相侠累正在府上坐着，周围有很多手持兵戟的侍卫。聂政旁若无人地径直走了进去，一剑刺死了侠累。周围侍卫顿时大乱，聂政大声呼号，挥剑又杀死十几个侍卫。为了防止死后被人认出来而连累自己的姐姐，聂政自己剥掉面皮，挖出眼睛，挑出肚肠而死。

【评述】

参见第二章第四节“评述”。

第四章　武梁祠后壁及顶部画像

图 4–1

武梁祠后壁画像，横长方形，高 162 厘米，宽 241 厘米，厚 17 厘米，右上角断碎。画面自上而下分为四层：第一层刻列女故事，第二层刻孝义故事，第三刻燕居和历史故事，第四层刻车骑。层次间隔有菱形纹、连弧纹等纹饰。（见图 4–1）

武梁祠顶部由前坡和后坡组成，画像为祥瑞图。根据容庚《汉武梁祠画像考释》认定，可辨者共二十二种，有麒麟、浪井、神鼎、白虎、木连理、比翼鸟等。但因为剥蚀严重，画面不清，在此不再详述。

第一节　列女故事

武梁祠后壁画像第一层自右至左刻梁高行图、鲁秋胡戏妻图、鲁义姑姊舍儿图、楚昭贞姜待符图。

1. 梁高行

【图像】

图 4–2

此画像位于武梁祠后壁第一层右侧。画面有四人：左部有一马一轺车（一马驾的轻便车），面向左，车后有一人手持旌节（古代使者所持的节，以为凭信），其前刻“使者”二字；右边一人面左站立执符；左边一人跪着奉金，其上方刻“奉金者”；帏帐下有一人为梁国女子，其上方刻“梁高行”三字，此女头戴翅冠，右手持镜，左手执

刀，作欲割鼻状。（见图 4−2）

【图义】

此故事取自于刘向《列女传》卷四《贞顺》之十四篇。

春秋时期梁国有一美貌女子，品行高尚。丈夫去世后，她独自带着孩子，立志守节，不再嫁人。梁国一些贵族仕宦子弟仰慕她的美貌，纷纷要娶她，终未能办到。梁王听说以后，要凭着自己的特权强娶她，于是派出使节向此女子行聘，欲把她纳入宫中，此女坚决不从。她对派来的使者说："我丈夫不幸早死，我本应随他而去，留下只为抚养孩子，尽管很多贵人求娶我，我都拒绝了，没想到现在大王也要这样做。我听说妇人应该从一而终，做到贞信，不能忘死趋生，更不能弃义从利！"一面说着，一面拿起刀将鼻子割去。对使者说："我已割鼻，是个残废的人了。我不忍幼子成为孤儿才偷生。大王不过是看重我的美貌，如今美貌已去，请大王放过我吧。"使者将此情形报给梁王，梁王感其大义，以"高行"对她予以表彰。

《列女传》为之颂曰："高行处梁，贞专精纯。不贪行贵，务在一信。不受梁聘，劓鼻刑身。君子高之，显示后人。"

2. 鲁秋胡戏妻

【图像】

图中有二人。左面一人为鲁秋胡，头戴前高后低的冠，肩扛一棍，上挑一行囊，上身略前倾，面向右方，右手抬起，正在讲话。右面一株桑树，枝繁叶茂，树枝向左倾斜。秋胡妻位于树左，身着长裙，正从桑树上折下一条桑枝放进下面的竹篮里，似乎听到有人讲话，扭头回望。有二榜题，分别为"鲁秋胡"和"秋胡妻"。（见图 4−3）

【图义】

图 4—3

此故事取自于刘向《列女传》卷五《节义》之九篇“鲁秋洁妇”。

鲁国秋胡婚后五天便去陈国做官，五年后回家。未到家，在路旁见到有妇人采桑，秋胡喜悦，想以金子讨取妇人欢心，却被严词拒绝。

秋胡到家，把金子奉予母亲，叫人把妻子唤来，原来妻子正是采桑女。秋胡惭愧，妻子说：“辞家为官五载，你本应该尽快回家，如今你却用奉养母亲的金子调戏他人。忘掉母亲是不孝，好色淫泆是劣行，行为恶劣是不义。一个人事亲不孝，必然事君不忠；处家不义，必然治官不严。孝义并失，道德何在？我不忍看你再娶别人，我也不改嫁他人。”说罢出门向东，投河而死。

秋胡妻被称为洁妇，她的“洁”就洁在“善”上。“鲁秋洁妇”篇末评论：“君子曰：‘洁妇精于善。夫不孝莫大于不爱其亲而爱其人，秋胡子有之矣。’君子曰：‘见善如不及，见不善如探汤。秋胡子妇之谓也。’”

3. 鲁义姑姊舍儿

【图像】

画面中有七人。鲁义姑姊在右面，着长裙，左手抱着兄长的儿子，身后跟着自己的儿子，儿子向其招手，意欲随其逃走，姑姊却伸出右手阻止。其左一人躬身伸臂对义姑姊，像是阻止她抛弃亲子之意。最左面为二马驾轩车，车上乘坐二人。车内年老者执旄节为齐将军，另一人为御车者。车前一导骑，向右方的鲁义姑姊追去。有榜题四处，分别是“齐将军”“义姑姊”“姑姊儿”“兄子”。（见图 4-4）

图 4-4

【图义】

此故事取自刘向《列女传》卷五《节义》之六篇“鲁义姑姊”。

鲁义姑姊是鲁国乡间的一个妇人。齐国攻打鲁国，鲁义姑姊怀里抱着一个孩子，手里拉着一个孩子。见齐军将至，便放下怀里的孩子，抱起手里拉的孩子跑进山中。所弃的孩子哭着跟随，姑姊头也不回。齐将追上去询问两个孩子与她的关系。妇人回答所抱的是长兄的儿子，所弃的是自己的儿子。她说："军队追过来，凭一己之力，我保护不了两个孩子，只能舍掉自己的。"齐将感慨道："母子骨肉相连，你忍痛抛弃自己的孩子，抱起别人的孩子，什么原因？"妇人说："保护自己的孩子是私爱，保护兄长的孩子是公义，人不能为了私爱而抛弃公义。小事这样，大事也一个道理。人应该以国家利益为重。"

4. 楚昭贞姜待符

【图像】

图 4-5

画面中有三人。图中左部有一屋宇，即渐台，楚昭贞姜头戴五梁冠，坐在渐台内，面朝左，右手向前伸出，像是要说话的样子；屋右面一人，手执一符命之物，像对其招手；其后一人亦伸手招呼，且转身后望，应是使者。有"楚昭贞姜"榜题一处。画面形象地刻画出使

者奉命召贞姜，贞姜不应召的一瞬。（见图 4−5）

【图义】

此故事取自于刘向《列女传》卷四《贞顺》之十篇“楚昭贞姜”。

文姜是齐侯的女儿，楚昭王的夫人。昭王出游，将夫人留在渐台。楚王得知大水将至，派使者接夫人。使者奉命到渐台，夫人说：“楚王有约定，召宫人必拿符。你未拿符，恕我不能与你同回。”使者说：“大水马上就来，如果回去拿符，救你就来不及了。”夫人言道：“我听说：贞女之义不犯约，勇者不畏死，坚守一节而已。我知道等你拿符回来，我可能已死于大水之中，但弃约越义而求生，不如守约而死。”说罢，仍然端坐渐台，等待大水的到来。

使者取符回来，渐台已被冲塌，夫人不知去向。楚昭王哀叹道：“守义死节，不为苟生。处约持信，以成其贞。”将其追称为贞姜。

【评述】

参见第三章第二节“评述”。

第二节　孝义故事

武梁祠后壁画像第二层自右至左刻韩柏榆被笞、邢渠哺父、董永卖身侍父、朱明悌让、李善抚孤、金日磾拜阏氏。

1. 韩伯榆被笞

【图像】

画面中有二人，榆母站立在左方，面向右，左手前指，右手执拐棍，大约正准备打韩伯榆。右面伯榆双膝跪地，面向老母，双手掩面而哭。其上方有两处榜题：“伯榆伤亲年老，气力稍衰，笞之不痛，

心怀楚悲”和“榆母”。（见图 4–6）

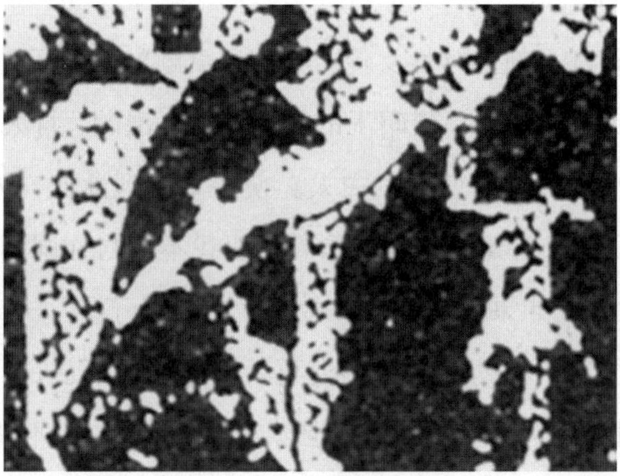

图 4–6

【图义】

此故事取自刘向的《说苑》卷三。

汉朝韩伯榆（一作韩伯俞）犯了过错，他的母亲用拐杖责打他，他伤心地哭。其母问：“过去我打你，你没有哭过，今天为什么哭？”韩伯榆说：“以前您打我时，我觉着很痛。今天拐杖打到我身上，却不觉得疼痛。我感到母亲的力量已不如从前，身体比以前差了，因此而悲痛。”作为子女，父母生气，不记恨在心里，不表现在脸上，虚心接受父母的教育，是最高境界；父母生气，不记恨在心里，不表现在脸上，是中等境界；父母生气，记恨在心里，表现在脸上，是最低的境界。

曾子说：“忠者，其孝之本与？”（《大戴礼记·曾子本孝》）发自内心地爱父母，是孝的根本。孝敬父母，应发自内心，心甘情愿。韩伯榆面对母亲严厉的教育，不但没有记恨，反而诚心接受惩罚，并为母亲的日渐衰老而忧心。孔子说：“父母之年，不可不知也。一则以喜，一则以惧。”（《论语·里仁》）父母的年纪，不可不知道，并且常常记在心里，为他们的长寿而高兴，也为他们的衰老而担忧。

2. 邢渠哺父

【图像】

画面中有两人，均在一个有双柱的屋内。右面渠父屈膝坐在木几案上，右手扶地，左臂微屈，手持一碗。邢渠居左，双膝跪地，面朝父亲，左手置于父亲肩上，右臂上举，手执一双筷子喂父亲吃饭。上方有 “渠父”“邢渠哺父”二榜题。（见图 4-7）

图 4-7

【图义】

宋代李昉等人撰《太平御览》卷四一一，引萧广济《孝子传》记载邢渠哺父的故事。

汉朝的邢渠，自幼母亲去世，和父亲邢仲一起生活。他十分孝敬父亲。家中贫困，邢渠做佣工，奉养父亲。父亲牙齿脱落，饭菜嚼不烂，咽不下。邢渠就把饭菜嚼碎，喂养父亲。在他精心的照料下，父亲再次长出牙齿，身体逐渐硬朗，活到一百多岁。

图 4-8

曾子说："孝子之养老也，乐其心，不违其志，乐其耳目，安其寝处，以其饮食忠养之。"（《礼记·内则》）孝子奉养父母，要使他们心里快乐，不违背他们的心意，使他们耳目愉悦，寝处安适舒服，在他们的饮食上尽心地调养。从这幅图我们可以看到刑渠对父亲的照顾尽心尽力，充分体现了孝道的内涵。

3. 董永卖身侍父

【图像】

画中有四人。董永父居中，坐在独轮车上，手中持一根鸠杖，独轮车上放着一陶罐。董永居左，站在其父前面，身朝脚下竹笥，回首朝其父。董永上空有一女子，肩生双翼、俯身朝下，是前来帮助董永还债并和董永结婚的七仙女。独轮车右方一树，有一小孩正想爬树。董永左上方有似熊的动物。空处有"永父""董永，千乘人也" 二榜题。（见图 4-8）

【图义】

董永传说最早见于西汉刘向的《孝子图》，虽该书现已亡佚，但唐代《法苑珠林》中有转引。

图 4–9

董永从小失去母亲，由父亲养育长大。董永年长后，自己辛勤劳动，奉养父亲。父亲去世，无钱殡葬，董永自愿卖身于富公为奴。在去应约为奴的路上，董永忽见一女子，主动提出与他结为夫妻。于是二人一起去富公家。富公要求织完三百匹绢，便放二人回家。女子十天织完了三百匹绢，二人获得自由。女子说："我是天帝的女儿，天帝命我助你还债。"

董永与七仙女的传说，家喻户晓。孔子说："生，事之以礼；死，葬之以礼。"（《论语·为政》）董永在父亲在世时，竭力奉养；父亲去世时，尽心安葬。董永的行为是孝道的充分体现。

4. 朱明悌让

【图像】

画面中有五人。章孝母站在最右方，面向左。其前一人为朱明，也面向左，手扶一杖。朱明前一人为朱明弟，身朝左，回头看朱明，右手伸前方。其前一个小孩，应是朱明之子，面向左。左面有朱明妻。小孩头上有一飞鸟。榜题五处，分别为"章孝母""朱明""朱明弟""朱明儿""朱明妻"。（见图 4–9）

【图义】

原文出自日本船桥本《孝子传》上卷十。

朱明为东都人，兄弟二人。父母去世后，二人分家各得百万家产。朱明的弟弟将分得的家产挥霍一空，每每向哥哥讨要，朱明每次都给他。如此多次，朱明的妻子非常生气，打骂了他的弟弟。朱明得知后，说："你是别姓的女人，弟弟是我的骨肉，天下的女人都可以成为妻子，但骨肉失去是不可再得的。"于是，休掉了自己的妻子，永不相见。

5. 李善保幼主

【图像】(画面剥蚀不清)

画面有一帏帐，下有三人，中间一摇篮内有一仰卧的婴儿，即李氏遗孤李续。右面站立一个婢女，右手拉婴儿手，意欲将此婴拉出去抛弃。左边是李善，向右拱手下跪，向婢女哀求留婴儿性命。原有榜题"忠孝李善""李氏遗孤"二处，现已剥蚀。

【图义】

范晔《后汉书·独行传》记载有李善抚养孤儿的故事。

汉朝南阳郡淯阳人李善，字次孙，是本县李元的苍头（仆役）。东汉光武帝建武时期，当地发生了严重的瘟疫，李元家只活下来出生十几天的李续。李元家家产千万，许多奴婢私下商议害死李续，分掉财产。李善坚决反对，但是以自己的力量抵挡不住意图分产的人。于是他在夜里偷偷把孩子背到身上，逃到山阳瑕丘县(今山东济宁市兖州区)。他像对待自己的孩子一样抚养李续长大成人。过了十年，李善带着李续回到本县，收拾旧时产业，对少年李续继续抚养教育。

钟离意当了瑕丘令后，得知李善抚孤的善行，向皇帝上书。光武帝诏令李善和李续并为太子舍人，树立表彰信义的榜样。

此图像表彰义仆李善忠主抚孤的行为，体现了他对两代主人的尽忠。李善坚守道义的高尚品格值得称颂。

【评述】

参见第二章第三节“评述”。

第三节　现实生活和历史故事

武梁祠后壁画像第三层第四层中部刻楼阁燕居。楼右第三层刻范雎辱魏须贾、蔺相如完璧归赵，楼左第三层刻拜谒图。楼右第四层刻车骑，楼左第四层刻拜谒返回的图像。

1. 楼阁燕居

【图像】

一座双层楼房耸立于第三、第四层中央。楼房左右有细高的阙和重檐。楼上两位女主人，均头戴五梁冠，正面并排端坐。右边一名手执便面的女侍者，左边女侍者二人，均跪坐。其前一人递铜镜给女主人。女侍者外方，各有一人手托屋檐。在他们外方，各有一女子坐在双阙的阙檐上，面朝楼房。楼下男主人中坐，右边一侍者站立，左边一人跪，双手递物。此人身后，一站立的女子以手递碗。一熊人立在下檐之上，用上肢托住上檐。阙下各一人，面向楼房，左边者执笏。楼左方一棵大树。树顶上有三只鸟，树叶中有数只鸟。一人站在左边阙第一层檐上，正持弓箭射鸟。树下有两只小猴，正欲爬树。树干右边，一匹肥马站立，头向楼房。马前下方一只鹅。树干左方有一辆轩

图 4—10

车。车上挂着马料兜。（见图 4—10）

【图义】

参见第一章第二节“燕居”。

2. 蔺相如完璧归赵

【图像】

画面中三人，右为蔺相如，中为秦王，左为侍者。蔺相如身佩旌节，体躯向右，脸向后转，两手高举，右手高擎一大璧，示欲与璧俱毁。左面秦王，冠服、佩剑、带须，伸臂扬手向前阻止。秦王后面有一侍者。榜题有二，分别为“秦王”“蔺相如，赵臣也，奉璧如秦”。（见图 4—11）

【图义】

《史记·廉颇蔺相如列传》记载了蔺相如完璧归赵的故事。

秦昭襄王坐在章台上，大集群臣，宣蔺相如入见。蔺相如将玉璧奉上，秦王见此玉为稀世珍宝，传给大臣和后宫观赏。很久，璧又回到秦王面前。相如一直未听说要偿城之事，知道秦王想欺诈夺取玉璧，

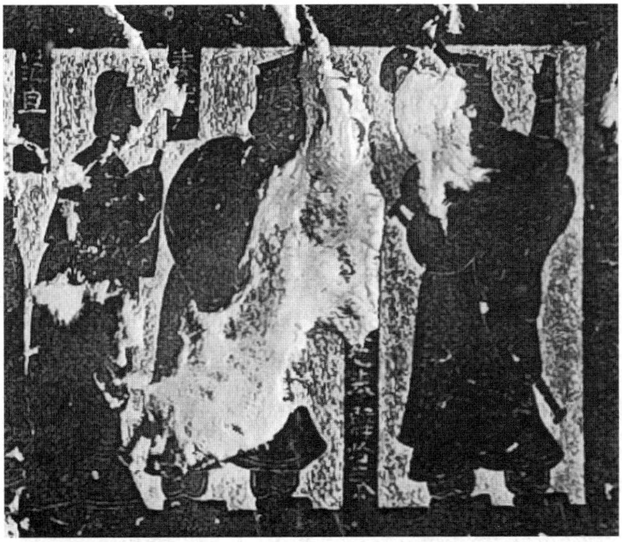

图 4-11

于是他对秦王说："此璧稍有微瑕，我给大家指出来。"相如得璧在手，连退数步，靠在殿柱上，圆睁双眼，怒不可遏地对秦王说："臣见大王要倚仗强力侵吞此璧，臣所以把璧取回来。今天臣的头和玉璧一起撞柱，宁愿一死，也不愿让璧落到秦国的手里。"秦王怕璧被碰坏，请他不要碎玉。

此图彰显了蔺相如的英勇、机智和不惜以生命维护祖国尊严的爱国精神。

3. 范雎辱魏须贾

【图像】

画面中有三人。范雎站在右边，头戴斜顶高冠，面朝左，身躯前探，右手前伸。范雎仇人魏须贾跪在左边，面向右，双膝跪地，抬头前望，作欲说话之势。其前放一小桶，里面装的似马食。中间一人似搀扶魏者，乃范的侍者。有二榜题"范且（雎）""魏须贾"。另有

一榜无字。（见图 4–12）

图 4–12

【图义】

范雎，《史记》作“范睢”。《史记·范睢蔡泽列传》记载：“范睢者，魏人也。字叔，游说诸侯，欲事魏王；家贫无以自资，乃先事魏中大夫须贾。须贾为魏昭王使于齐，范睢从，留数月未得报，齐襄王闻睢辩口，乃使人赐睢金十斤及牛酒。睢辞谢不敢受。须贾知之大怒，以为睢持魏国阴事告齐，故得此馈，令睢受其牛酒还其金。既归，心怒睢，以告魏相。魏相，魏之诸公子，曰魏齐。魏齐大怒。使舍人笞击睢，折胁折齿。睢详（佯）死，即卷以箦，置厕中。宾客饮者醉，更溺睢。故僇辱以惩后，令无妄言者。……范睢既相秦，秦号曰张禄而魏不知，以为范睢已死久矣。魏闻秦且东伐韩、魏，魏使须贾于秦。范睢闻之，为微行，敝衣闲步之邸，见须贾。须贾见而惊曰：‘范叔固无恙乎？’范睢曰：‘然。’须贾笑曰：‘范叔有说于秦邪？’

曰：‘不也。睢前日得过魏相，故亡逃至此，安敢说乎！’须贾曰：‘今叔何事？’范睢曰：‘臣为人庸赁。’须贾意哀之，留与坐饮食。曰：‘范叔一寒如此哉！’乃取一绨袍以赐之。须贾因问曰：‘秦相张君，公知之乎？吾闻幸于王，天下之事皆决于相君，今吾事之去留在张君。孺子岂有客习于相君者哉？’范睢曰：‘主人翁习知之，唯睢亦得谒。睢请为见君于张君。’须贾曰：‘吾马病，车轴折，非大车驷马，吾固不出。’范睢曰：‘愿为君借大车驷马于主人翁。’范睢归取大车驷马，为须贾御之，入秦相府。府中望见，有识者皆避匿。须贾怪之。至相舍门，谓须贾曰：‘待我，我为君先入通于相君。’须贾待门下，持车良久，问门下曰：‘范叔不出，何也？’门下曰：‘无范叔。’须贾曰：‘乡者与我载而入者。’门下曰：‘乃吾相张君也。’须贾大惊，自知见卖，乃肉袒膝行，因门下人谢罪。于是，范睢盛帷帐，侍者甚众，见之。须贾顿首言死罪，曰：‘贾不意君能自致于青云之上……贾有汤镬之罪，请自屏于胡貉之地，唯君死生之！’……须贾辞于范睢，范睢大供具，尽请诸侯使，与坐堂上，食饮甚设，而坐须贾于堂下，置莝豆其前，令两黥徒夹而马食之。数曰：‘为我告魏王，急持魏齐头来，不然者，我且屠大梁。’须贾归，以告魏齐，魏齐恐，亡走赵，匿平原君所。”

魏国须贾怀疑范睢接受他国财物，致使范睢受国相鞭打，几近送命。范睢逃至秦国成为国相。魏国须贾受命出使秦国，误认为范睢落魄，送其绨袍。后魏须贾知道范睢身份，向其谢罪。魏须贾受辱后，范睢念其送衣，让其回到魏国。

由于魏须贾的个人主观判断，范睢差点断送性命。范睢显达后，并未就势报仇，而是考察其为人，宽宥了魏须贾。两者对比，范睢具有独立的判断力，不妄下定论，接受悔过，予人机会，更值得褒扬。

【评述】

此节汇集了孝悌忠义几个方面的画像，向我们立体展现了封建社会的道德生活样貌，多角度展示了古代人们的思想观念和道德追求。

第五章　前石室画像

前石室为武荣祠，现存画像石19块，因发现时位于武梁祠之前而得名。

第一节　西壁画像

一、西壁上石画像

画像石高117厘米，宽203厘米，厚18厘米，锐顶，两肩有榫。画面分三层：第一层刻神话人物西王母，第二层刻孔门弟子图，第三层刻车骑。（见图5—1）

1. 西王母

【图像】

画面呈三角形，正中几上端坐西王母，上身残缺。下有二龙挽尾承几。左方一人，上身亦残缺。此人左方，有两个玉兔捣药，药臼由蟾蜍托举。其左方有两个半人半蛇的怪物对脸谈话。下有云纹。左方有两尾长羽鸟，有一只在上空飞翔，有一个半人身有尾无足的怪物。

图 5-1

一鸟下有条带翅的泥鳅。西王母右方残缺不清，仅可见一个羽人以手递物给西王母。有一只蟾蜍，身有斑点。一条龙，只见身子局部。还有一只小鹿蹲着，头向右看。

【图义】

参见第二章第一节“西王母”。

2. 孔门弟子

【图像】

图中孔门弟子二十人，大都朝左方。有三人回头同后面的人谈话，皆戴斜顶高冠，着宽袖长袍。空处有四榜，但无题字。

【图义】

孔子是我国古代著名的政治家、思想家、教育家，儒家学说的创始人。他一生中教出弟子三千，有名的贤者七十多人，最有名的十几人。《史记·仲尼弟子列传》记“受业身通者七十有七人，皆异能之士也”，文中对七十弟子分别作了介绍。最后在“太史公曰”中评述：“学者多称七十子之徒，誉者或过其实，毁者或损其真，钧之未睹厥容貌，则论言弟子籍，出孔氏古文近是。余以弟子名姓文字悉取论语弟子问并次为篇，疑者阙焉。”史学家司马迁依照当年对孔门弟子的记载，分别写出孔子弟子的传记，画像石的作者更把他们的形象刻在石头上。孔子办教育主张“有教无类”，因此他的弟子遍及当时各国，分布于各个阶层，性格各异，年龄也有大有小。武氏墓群石刻中许多画像石对孔子弟子都有表现。

【评述】

前石室和左石室各有三处孔门弟子图像。孔门弟子图像这么集中地出现，说明了两个问题：一是孔子对教育事业做出贡献的影响力巨大；二是武氏祠所在的嘉祥县在春秋时期就是文化繁荣的区域，这里人才辈出，不仅有宗圣曾子，还有十哲中的冉耕、冉雍、冉求，以及曾点、申枨、商瞿、商泽、澹台灭明等人。

3. 车马出行

【图像】

画面中有十二人、六马、三车。最左方有两个步卒向左迈着大步前进。他们一手提杖，一手看不清。其后上方刻榜题为“调间二人”。后面有导骑二人，上方榜题为“此骑吏”。二骑吏后面剥落不清。再后面为主车，车有盖和四维，一马，大都脱落不清。车前一榜题为“此君车马”。主车后有一从骑，仅见此骑及人之前半部，余脱落。骑吏后，为轺车一辆，上乘二人，有榜题“主簿车”。其后为同样形制的车一辆，其榜题为“主记车”。主记车后面，一个人躬身持笏送行。

据《两汉金石记》说，原有榜题“此亭长”三字，今已无。

【图义】

汉画像石的题材和内容在反映社会现实生活方面大多是描绘人们衣食住行的画面，其中车马出行的画面最为突出。画像石中刻绘车马出行的图像最多，不但所有石室的画像中有，两石阙上也有，共三十多处。一般刻马驾轩车或轺车，车上乘一二人，车前有导骑和步卒。有的车前有人拱手相迎，有的车后有人拱手相送。在当时，车马出行有严格的制度，不同等级的官吏使用不同的车骑和服饰，这在《续汉书·舆服志》中有详细记载。这种题材的画像展示了当时汉代人富庶的生活状态。

二、西壁下石画像

图 5–2

画像石高 96 厘米，宽 203 厘米，厚 18 厘米，横长方形。画面分二层：第一层刻车骑，第二层刻水陆攻战图。（见图 5–2）

1. 车骑

【图像】

左端有一辆饰四维的主车，面向右，单马拉，车上二人坐。车前有榜题“尉卿车”。其后有三从骑。主车前一辆导车，原有榜题“功曹车”，现已脱落。导车前一骑，手扬刀。此骑前方一步卒，右手举剑，左手执盾。此步卒前面，一人右手举剑，左手牵马缰，似乎正在抵御步卒的进攻。此人驾一辆无盖的车，车辕向左，车上坐一人，回头向右。车厢里平放一把剑，露出剑把。车上方一人带翅、长发，脸朝下飞。车后一女子，坐在地上，脸向右方。女子面前，一人正弯腰躬身和女子说话。他右手指向女子，左手扶着拄在地面的弓。他的上方，一人手执刀、盾，面向左。

【图义】

参见本章本节“西壁上石画像车马出行”。

2. 水陆攻战图

【图像】

图像当中一座桥，桥上有主车一辆，车饰交络，车耳饰云纹。此车无御者。车主人手执剑，面向车后，同一个手执剑的女子格斗。主车马前，有一女人手执长戟，欲刺马颈。她的身后，一人手举弓箭，脸朝后欲射一骑马人。桥左阶上，有二人手执刀或盾，正往桥上走来。桥左方地上，有一无头尸体。桥左坡上，有一骑马人欲上桥。其前一人，手执刀和钩镶，欲阻骑马者上桥。骑马者后面，一人手执刀、盾。似追骑马者，但却不得不回头举盾招架后面三人的进攻。后面三人中，一人正执刀向他砍来。

在桥两旁的空地上，正进行一场混战。战争双方犬牙交错，并无明确界限。桥左边有车二辆，有二榜题“主记车”和“主簿车”。车前有步兵一人，骑兵一人，均手执刀、盾。他们前进的方向，遇到一个手执刀和盾的男兵，一个手执刀和盾的女兵正与一个手执钩镶和刀的女兵搏斗。桥的右边，有车三辆。上有三榜题“功曹车”“贼曹车”“游徼车”。骑兵四人。两个骑兵手执戟，一个拿剑，均面向左。另一个未持兵器，纵马向后逃跑。功曹车向左，贼曹车和游徼车均面向右。对方三个步卒，一个手持弩弓，阻挡二持戟的骑者；一个执矛、一个执钩镶和刀，面向贼曹车。贼曹手执刀盾抵抗。贼曹车下方小树上挂着人头。小树右方，一马背向战场狂奔。

桥下水中，也在激战。一个头戴斜顶高冠的人，右手举剑，左手举盾，正迎接左右两只小船的进攻。小船上各二人。左边小船上，一人执戟，一人执钩镶。右边小船上，一人执剑、盾，一人执剑和短戟。他们上方，刻飞鸟五只，水中刻鱼若干。左右各刻一个渔夫罩鱼，一只水鸟叼鱼。

【图义】

此石刻画像生动、形象地再现了我国古代的战斗场面，不仅描绘了犬牙交错、混乱厮杀的激烈战斗场景，还表现了有条不紊的指挥作战系统。画面布局合理，其中的人物姿态、车骑形态，可谓精妙绝伦。

汉代工匠精妙的设计理念，高超的雕刻技法，令人叹为观止。图中，用一座桥巧妙地分开了水面与陆地的作战场景，从而能够在一幅平面的石刻画像上，展示出一场立体式的交战格局。桥上陆地交战，车骑布局合理，兵将手持各种兵器；桥下水面战争参照物的运用更是点睛之笔。工匠们为了凸显水面作战特点，刻画了乘船交战，并且船下刻画出了几条灵动游弋的鱼，活灵活现、巧夺天工。

【评述】

此幅《水陆攻战图》所展示出的古代战争场面，说明汉时就已实现了多兵种协同作战，指挥权高度集中，兵役制度较为完善。这些方面，均对我国古代社会军事制度的发展具有深远的影响。主要体现了以下几个特点：

第一，高超的冶炼锻铸技术。汉代人作战时使用的刀、弓、剑、盾、戈、钩镶等兵器在图中均已出现。据记载，铁器在汉代就已出现，并且人们熟练掌握了用于制造兵器的“可锻铸铁”冶炼技术。在世界科技史上，直到 1709 年，英国人达比才发明了焦炭冶炼技术，1826 年，美国才出现了“黑心可锻铸铁”，都比中国晚了近两千年。

第二，女子征战沙场。通过头饰进行辨别，图中清晰地展示出了七位女子的形象。说明当时不仅男子参战，女性也参与到作战当中。人物形象刻画生动，可谓是巾帼不让须眉。

第三，健全完善的作战指挥系统。场景中将士形象威武，各车骑功能布局合理，“贼曹车”“功曹车”“游徼车”分工明确，各司其职、相互配合，展示出了强大的军事指挥系统。

第二节　东壁画像

一、东壁上石画像

画像石高 117 厘米，宽 202 厘米，厚 19 厘米，锐顶，两肩有榫。画面分三层：第一层刻神话人物东王公，第二层刻人物画像孔门弟子，

图 5–3

第三层刻车骑。（见图 5–3）

1. 东王公

【图像】

东王公居中坐于几上，戴六棱角两翅冠，肩有翼。几下一羽人，面朝上，一手托几，身作俯卧飞翔状。他的右边一条龙，龙嘴朝上冲几座。此龙上面，一羽人手递三株树给东王公。此人后，一龙头鸟身怪物，面向左。龙头鸟身怪物下方，一龙驾云向左飞。右上方，一个双腿作尾形的羽人手握龙尾。羽人下方，有个身上带斑点的蟾蜍。蟾蜍前肢握住上面羽人的一条尾，后肢蹬着另一单尾羽人的尾部。蟾蜍右方，有一人头单尾驾云的怪物。此怪物身后，有一个像刚生出前肢的蝌蚪形怪物，但腹部后生一对蜻蜓翅膀。东王公左方，一羽人向他递一碗，可能是琼浆玉液之物。其后一鸟，长尾，胸前伸出一手，拿着一片羽毛。此鸟下方有两羽人，双腿均作尾形。其后，有一双人头蛇尾、驾云的怪物及一个人头、不见身尾驾云的怪物。怪物左方，有

一只三头的长尾鸟，驾云，不见爪。后面有一鸟站立。（见图 5–4）

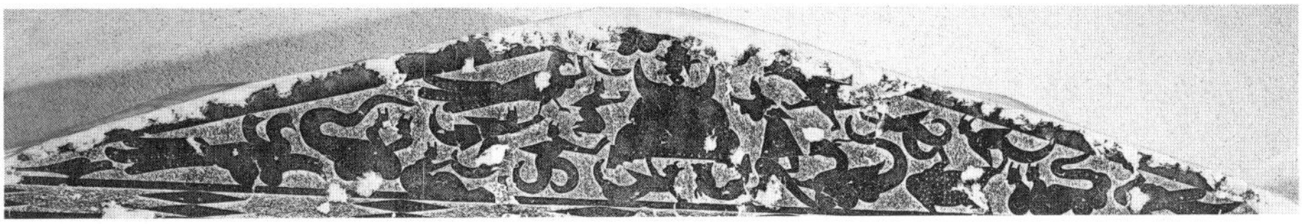

图 5–4

【图义】

参见第三章第一节“东王公”。

2. 孔门弟子

【图像】

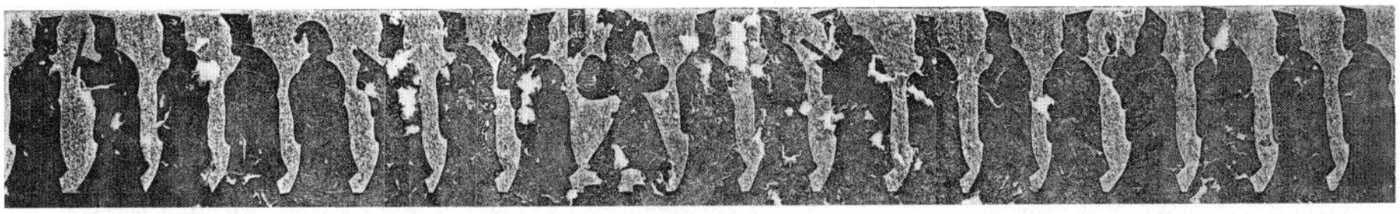

图 5–5

孔门弟子十九人。左起第九人为子路，头戴雄鸡冠，双袖卷至肘上方。其前一榜题“子路”二字。左起第五人，戴顶端下垂的绵羊角帽，可能是颜回，身躯较小。其余多戴斜顶高冠，着宽袖长袍。左起第一人身朝右，其余均身朝左。左起第二人和第十二人手上持简，其余的人或袖手或抬手。面大都朝左，有四人回头同后面的人说话。（见图 5–5）

【图义】

参见本章第一节“西壁上石画像孔门弟子”。

3. 车骑出行

【图像】

图中主车在中央偏右，为单马拉，车盖上有四维，上乘二人。车前一榜，上题“此丞相车”四字。主车前有两个一手举便面、一手提杖大步迈进的步卒。步卒前一辆轺车，形制同主车，但无四维。此车前一榜，上刻“门下功曹”四字。功曹车前有两个前导的骑吏。骑吏前有一人执笏迎接。主车后面，有二从骑。此二骑后，有一辆车，马上方一榜，题为“□□车”，上二字剥落。车后一人执笏送行。

【图义】

参见本章第一节“车马出行”。

二、东壁下石画像

图 5–6

画像石高 96 厘米，宽 203 厘米，厚 19 厘米，横长方形。画面分四层：第一层自右至左刻鲁义姑姊、邢渠哺父、闵子骞失棰、赵盾喂灵辄，第二层自右至左刻伯游孝亲、老莱子娱亲、文王十子，第三层自右至左刻踏鼓舞、六博棋艺、车骑，第四层刻庖厨图。（见图 5–6）

1. 鲁义姑姊

【图像】

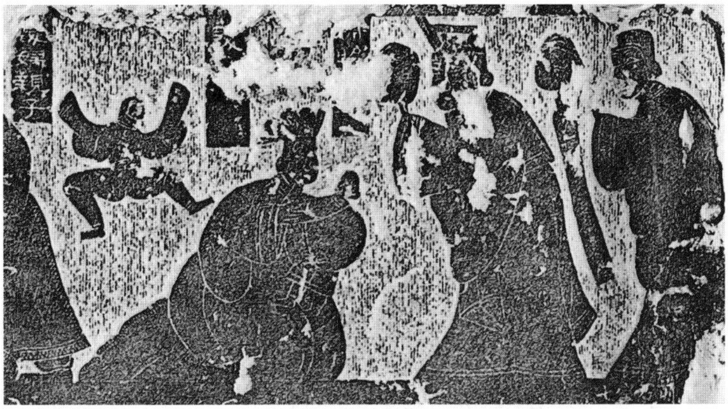

图 5–7

鲁义姑姊怀抱一小儿，另一小儿躺在她身后哭，她置之不顾。义妇前二人站立。有三榜题，分别为“义妇亲子”“义妇”“□将”。（见图 5–7）

【图义】

参见第四章第一节“鲁义姑姊”。

2. 闵子骞失棰

【图像】

有轺车一辆，乘车的闵子骞父亲，下车欲拉跪在地上的闵子骞。（见图 5–8）

图 5–8

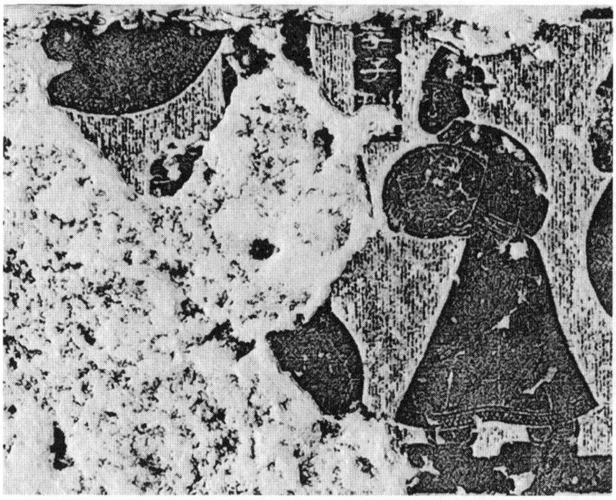

图 5–9

【图义】

参见第二章第三节“闵子骞失棰”。

3. 邢渠哺父

【图像】

画面剥落甚多，可见一人站立面左，其前一榜题为“孝子邢□”，可知是邢渠哺父的故事。（见图 5–9）

【图义】

参见第四章第二节“邢渠哺父”。

4. 赵盾喂灵辄

【图像】

图 5–10

左边一马拉轺车，马头向左，一御者坐车上，回首往后看。赵盾已下车，灵辄跪在地上，赵盾手持一勺、一盂，正给他吃东西。马上方一榜题“宣孟车”。宣孟为赵盾之谥号。（见图 5–10）

【图义】

赵盾，即赵宣子，谥号宣孟，亦称赵孟。公元前 623 年，晋襄公当政，赵盾为国相，执掌军政大权。襄公去世后，由于当时晋灵公年仅七岁，不能理政，所以由赵盾制定办事章程，校正刑罚律令，清理诉讼积案，治理政治污秽，恢复官职制度，选贤任能，进行大胆改革，将晋国治理得井井有条，维护了晋国在中原的霸主地位。

《左传·宣公二年》记有“赵盾喂灵辄”的故事。

鲁宣公二年（公元前 607 年），赵盾在首阳山（今山西省永济市东南）打猎，住在翳桑。他看见一人面黄肌瘦，就去询问他的病情。那人说：“我已经三天没吃东西了。”赵宣子就将食物送给他吃，可他却留下一半。赵宣子问他为什么，他说：“我离家已三年了，不知道家中老母是否还活着。现在离家很近，请让我把留下的食物送给老母。”赵宣子让他把食物吃完，另外又为他准备了一篮饭和肉。

后来，晋灵公埋伏甲士刺杀赵盾，在搏斗中有一武士突然反过来抵挡晋灵公的手下，使赵宣子得以脱险。赵宣子问他为何这样做，他回答说：“我就是翳桑的那个饿汉。”赵宣子再问他的姓名和家居时，他不告而退。那名武士，就是灵辄。

【评述】

赵盾遇害而脱险，皆因仁慈贤良、积德行善，并且施恩不图报，行善不求应，体现了一种高尚的道德境界。同时，灵辄知恩图报、舍生忘死的义举也值得表彰。

5. 伯游孝亲

【图像】

图中一女子，戴五梁冠。面向右，一手前伸，欲搀扶前面下跪之人。其前榜题“伯游母”三字。身后一鸟。伯游母前面一人，面左跪向伯游母，身携一棍，身上方榜题“伯游也”三字。伯游身后站立一人，亦面左。“伯游”疑为“伯揄”。（见图 5–11）

图 5–11

【图义】

参见第四章第二节“韩伯揄被笞”。

6. 老莱子娱亲

【图像】

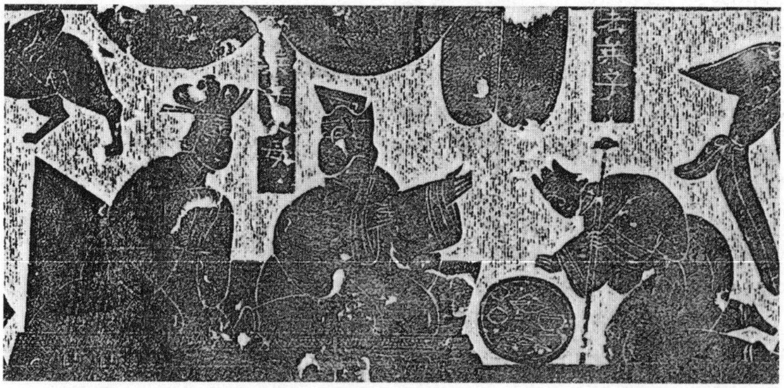

图 5–12

莱子父母坐在有靠背的矮榻上。其上有榜题“莱子父母”。其前老莱子跪在地上，手拄鸠杖，面前置一圆盘，圆盘中放有碗、耳杯、碟等物。（见图 5−12）

【图义】

参见第二章第三节“老莱子娱亲”。

7. 文王十子

【图像】

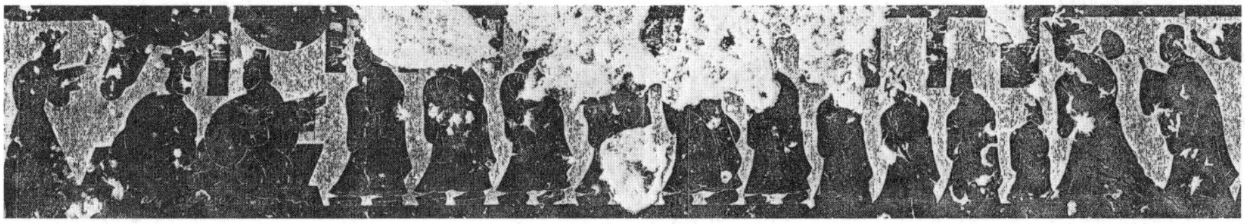

图 5−13

左方文王和夫人太姒面右并排坐于帏帐之内，一执符女侍立于太姒身后。文王和太姒之前，自左至右依次为其十子。靠近文王的是“伯邑考”，榜题其名。第二人应为武王姬发，但榜和人上半身均已剥落。据《两汉金石记》原榜为“□王发”。第三人榜题为“周公旦”。第四人、第五人、第六人和第七人均只剩下半身。据《两汉金石记》清代尚可见“蔡叔度”一榜。现第八人有榜题“霍叔处”，第九人有榜题“康叔封”，第十人、第十一人有榜题“冉季载、乳母”。 其后仍有一人执板，应系内官。（见图 5−13）

【图义】

据《史记·管蔡世家》记载，武王一母同胞的兄弟共有十人。他们的母亲名叫太姒，是文王的正妻。十人当中长子是伯邑考，以下依次是武王发、管叔鲜、周公旦、蔡叔度、曹叔振铎、成叔武、霍叔处、康叔封，最小的是冉季载。

8. 踏鼓舞

【图像】

图 5-14

左侧两人跪坐饮宴，其前放置几、案、盂、盘，右侧一侍者左手执勺，在鼎内调制食物，左面两人拱手侍立。上有两榜，无题字，可知此图应有所指。宾主一面饮宴，一面观赏乐舞。图之右侧刻两人，一人足踏一物，长袖而舞，一人两手各扶于二物上，作倒立昂首曲足，左足上有一个小儿，一只手扶在倒立者足上，也作倒立状，表现出相当精彩的杂技艺术。二人手扶、足踏之物，形状似鼓或柱础，或是革囊，作倒立垫衬之用。图之左面还有客人的车马及主人迎接客人的形象等。（见图 5-14）

【图义】

这幅画生动地表现出一个歌舞团体在进行精彩的表演。武氏祠画像有宴乐歌舞者四五处，多体现墓主人生前享乐的情形。这些乐舞场面反映了当时社会富足、优渥的生活状态。

第三节　后壁画像

一、后壁东段承檐石画像

画像石高 39 厘米，宽 168 厘米，厚 16 厘米，横长方形，上顶成斜面。画面刻孔子见老子图。（见图 5–15）

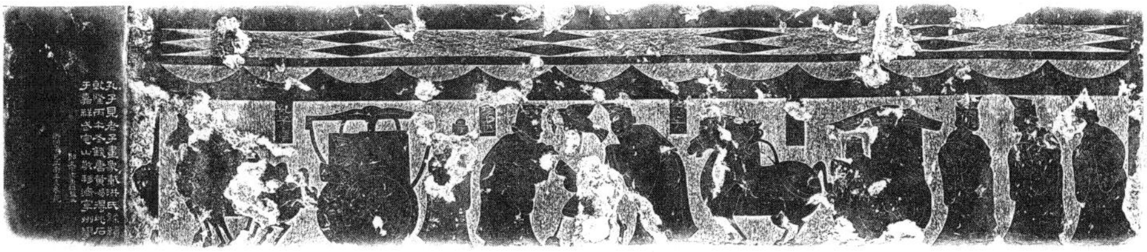

图 5–15

【图像】

图像中部左侧为孔子，头戴高冠，身着长袍，手捧雁，以为贽礼。身后有榜题“孔子也”。再后一人，略矮，戴元宝式头冠，可能是颜回。颜回身后有一轩车，系四维，驾两马，御车者坐其中，车辕向左，马伫立，榜题“孔子车”。

中部右侧为老子，高冠长袍，拄曲足杖，拱手相迎。身后有榜题“老子”。再后一马驾车，上有一御车者。车后有三人站立，前一人回头右顾，后二人面向左。辎车前有一榜，无字，当为老子车。

孔子、老子之间有一儿童，推单轮，应是项橐。项橐上方悬一飞鸟。

【图义】

关于“孔子见老子”，古代典籍有多处记载。《孔子家语》记，孔子对弟子南宫敬叔说，我听说老子“博古知今、通礼乐之原、明道德之归”，这就是我心中的老师啊，我想去向他求教。《史记·孔子世家》则记载了南宫敬叔请求鲁昭公允许孔子西行求教，鲁昭公赐予孔子车马、车夫等事。《史记·老子韩非列传》记孔子问礼老子，老子以言相赠，而孔子则以龙为喻，高度评价了老子的德行思想。又据《礼记·曾子问》所载，孔子一生中曾四次向老子求学问礼，最早的一次，是在孔子年仅十七岁之时。

清乾隆五十一年（1786 年）冬，黄易在武氏祠得此画像石，为表敬重，将其移于济宁州学明伦堂。现收藏在济宁市博物馆，嵌于汉碑馆南壁。“孔子见老子”画像生动地刻画出孔子谦卑礼敬、求真好学的思想品行。

二、后壁西段承檐石画像

画像石高 39 厘米，宽 167 厘米，厚 16 厘米，横长方形，上顶成斜面。画面为孔门弟子。

【图像】

画面刻十四人，皆戴斜顶高冠，着宽袖长袍。除左起第一人面向右立外，余十三人身向左立。有的作说话状，有的举笏致礼，有的袖手躬身，有的手执竹简。（见图 5–16）

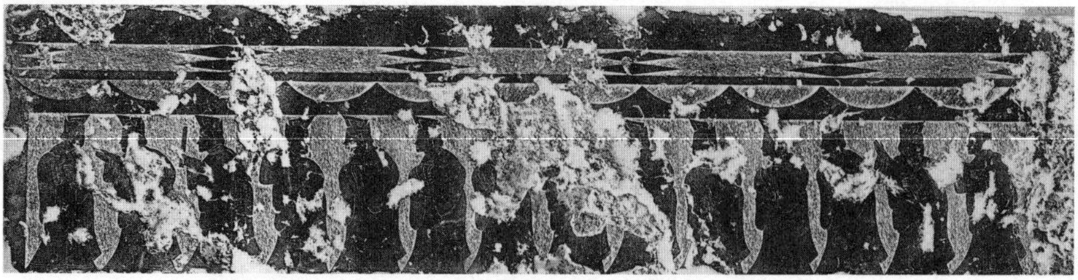

图 5–16

【图义】

参见本章第一节“西壁上石画像孔门弟子”。

三、后壁横额石画像

画像石高 51 厘米，宽 352 厘米，厚 30 厘米，横长方形，背面中下部凿成平面。画面分两层：第一层刻车骑出行图，第二层刻鸟、兽、云龙纹和连弧纹。（见图 5–17）

图 5–17

车骑出行

【图像】

左边一人持笏迎接车骑。车骑中最前方的为两位佩剑骑吏。其后一辆轺车，上乘二人，榜题“门下贼曹”。其后之车亦乘二人，榜题“门下游徼”。游徼车后是一辆轺车，乘坐二人的，榜题“门下功曹”，其后为二骑者。二骑后为两个手举便面前进的步卒，其后又是一辆轺车，带四维，乘二人，榜题“令车”。令车后有两骑，手抱锦囊，其后又是二骑。二骑之后再一辆轺车，乘二人，榜题“主簿车”，车后一人左手执笏，右手抬起为送行者。

【图义】

画像展示了古人浩浩荡荡的出行场景。图中马匹皆身壮腿瘦，姿态优雅，大气华贵。在已出土的汉画像石车马出行图中，此幅画像人物、车门最多，场面最宏大。

四、后壁小龛东侧石画像

图 5–18

画像石高 70 厘米，宽 94 厘米，厚 10—73 厘米，转角石，两面有画像。此石为正面，左边残。画面分左右，各四层：第一层刻抚琴图，第二层、第三层残缺，第四层刻庖厨。右边为一三层楼房，刻主人宴享场面。（见图 5–18）

图为一座高三层的楼。楼底层右方有梯，梯上一人正接左方一人端来的方案。案上置耳杯等物。此人身后一人端碗，端碗者身后一人端一圆盘，盘中置一碗、一碟，都是准备传递上楼的东西。二楼男主人坐右方，面向左。其前二人面向右跪坐，中一人手递一深碟上菜。层楼外，一人站在屋檐上，身朝外，回头看楼内。三楼女主人中坐左向，戴五梁冠。其前二侍女，前者手举一碗，侍候女主人进食。女主人身后一女侍坐。三楼外右方，一人面朝楼站在屋檐上。楼顶上露一朱雀的半身和一只猴。

图像左下角为庖厨图，右方一人在灶前烧火，灶上置一甑一釜，灶边墙上悬挂鸡、兔、鱼、猪头、猪腿。烧火者身后一人正伸手取鱼。图像生动地反映出当时汉代上层社会的日常生活状态。

【图义】

参见第一章第二节“燕居”。

五、后壁小龛西侧面画像

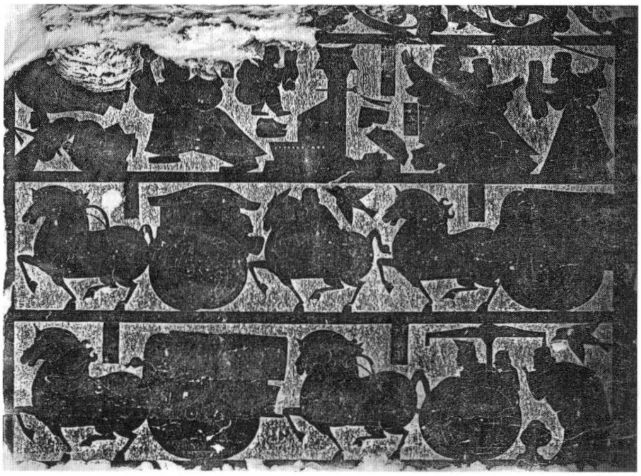

图 5−19

画像石高 65 厘米，宽 94 厘米，厚 14—73 厘米，转角石，两面有画像。此石为左侧面。画面分三层：第一层刻荆轲刺秦王，第二层刻车骑，第三层刻车骑。（见图 5−19）

1. 荆轲刺秦王

【图像】

图上荆轲在柱右方，扬手投出匕首，匕首刺中柱。夏无且紧抱荆轲不让他追秦王。秦舞阳吓得伏在地上。荆轲右方，一个手执剑盾的武士正在赶来。柱子右下方为装有樊於期头的匣子。柱子左方，秦王仓皇逃跑，左边一个矮小武士手持剑盾赶来。秦王左边，两个执戟武士倒在地上。有三榜题：“荆轲”“ 秦武阳”“ 秦王也”。“秦王”二字已剥落。柱子左方地上，有一双秦王脱落的鞋。

【图义】

见第二章第四节“荆轲刺秦王”。

2. 车骑

【图像】

第二层：右边一辆卷棚车，车内一御者，车前一榜无题。其前一骑。骑者前一辆軿车。车内一人，探头出车后张望。车前也有一空榜。空中有一飞鸟。

第三层：面向左。最前方为一辆卷棚大车，有榜无题。后面为一辆轺车，上乘二人，有榜题“行亭车”。车后一人执笏，躬身相送。其上一飞鸟，其前一棵矮树丛。

【图义】

参见本章第一节“车马出行”。

第四节　小龛画像

一、小龛东壁画像

画像石高 70 厘米，宽 73 厘米，厚 13—94 厘米，转角石，两面有画像。此石为右侧面。画面分四层：第一层为灵异飞仙，第二层为

祥瑞蓂荚，第三层为孝道故事，第四层为车骑。（见图 5–20）

图 5–20

1. 蓂荚

【图像】

图中有蓂荚两株。右面一株十四小枝分于两旁，左面一株呈弯曲状，共六个枝芽。

【图义】

蓂荚是古人想象出来的一种植物，又叫“历荚”。《竹书纪年·帝尧陶唐氏》记：“有草夹阶而生。月朔始生一荚；月半而生十五荚；十六日以后，日落一荚，及晦而尽。月小，则一荚焦而不落。”《白虎通德论·封禅》记：“日历得其分度，则蓂以荚生于阶间。蓂荚者，树名也，月一日生一荚，十五日毕。至十六日去荚。故荚阶生似日月也。”

《宋书·符瑞志》也有类似记载。三处记载都说明这一神异的植物生长与败落的情况。人们看见这株生长在阶沿、隙缝里的豆荚的生或落，就可知道这一天是这月的哪一天。这种吉祥草做了尧时的日历，给治理天下带来许多方便。

2. 丁兰

图像第三层左侧刻丁兰刻木供父，左方一树，六叶或枝，上结四个果实。树右方一人右向站立。前有一人右向长跪，有一低案，上置一个田螺似的东西，可能是坟堆。如果此论不错，则跪于坟前者可能是李善。李善故事见于《后汉书·独行传》。李善从京师去日南，道经淯阳，过其故主李元冢，拜墓哭泣甚哀。

【图义】

参见第四章第二节“李善保幼主”。

3. 邢渠哺父

【图像】

图像第三层右侧刻刑渠哺父，邢渠在右方，一手端碗，手举筷，给老父喂饭。邢渠身后有一妇人一手递碗，当是邢渠之妻。

【图义】

参见第四章第二节“邢渠哺父”。

4. 车骑

【图像】

图像第四层刻车骑，左方一人捧盾迎接，其前有二骑者，后面是一辆单马拉的贼曹车，上乘二人。有榜题“贼曹车”。

【图义】

参见本章第一节“车马出行”。

二、小龛后壁画像

图 5–21

画像石高 70 厘米，宽 169 厘米，厚 19 厘米，横长方形。（见图 5–21）

画面分两层：第一层右边刻楼阁燕居，左边刻连理树；第二层刻车骑。

1. 楼阁燕居

【图像】

一座两层楼房，楼左右各一阙。楼上女主人正中坐，左右各三个侍女，有的捧碗，有的递盘，有的手持便面。六侍女的外方，左右各一人以手托住屋檐。楼下，男主人正中端坐，脸向左。其前二人拱手或举笏向他致敬。其后一侍者执便面为主人纳凉。楼右柱上，一个人身蛇尾怪物，尾缠柱上。楼右阙重檐，阙下左右各一人，身朝楼房，近楼者回首看后面一人。阙第一层上，左坐一女子，面朝楼房。右一人站立，背向楼房，左手上抬，右手握住托阙顶的人的左臂。此托阙顶的人采取蹲立的姿势。左阙也是重檐，也有一蹲立的人托檐。阙下右边一人面向楼房站立，戴斜顶高冠，手举一笏求见。左脚一层檐上，右方一女子坐，面向楼房，手持三株树枝，左方一男子执弓向左射鸟。楼房顶上，有一仙人喂凤凰的饰件，右方还有一鸟。右阙顶上伸出一龙头。左阙顶上有一猴和一鸟。

【图义】

参见第一章第二节“燕居”。

2. 连理树

【图像】

图中刻一株枝叶繁茂的大树。树上方有鸟，三只在空中飞，两只停树枝上。另有一熊，前肢抓住树枝，后肢蹬着阙顶。大树右边停一辆轩车，车顶篷上有一只猴，一人站立。弯曲的车下蹲一狗。车前一人，一手扶树干，一手扶头。树干左方一马站立。

【图义】

古人认为有一种树木，其枝和干连生到一起，扭曲交错，以为祥瑞之兆。《宋书·符瑞志》记：“木连理，王者德泽纯洽，八方合为一，则生。”《瑞应图》《孝经援神契》《晋中兴微祥》等文献中亦有记载。汉晋时期，郡国上报木连理者甚多。后世常以连理树作为团圆、爱情的象征，如“在天愿作比翼鸟，在地愿为连理枝”。

3. 车骑出行图

【图像】

最右方为主车，面向左，车有四维，单马拉。马上方一榜题“君车”。其前有二步卒，一手举便面手提杖。步卒前一对肩扛棨戟的骑吏。骑吏前是辆轺车，单马拉。马上方榜题“门下功曹”。其前又一辆车。车上无四维，坐二人。马上方榜题为“门下游徼”。

【图义】

参见本章第一节“车马出行”。

三、小龛西壁画像

图 5−22

画像石高 70 厘米，宽 73 厘米，厚 13—94 厘米，转角石，两面有画像。此石为左侧面。画面分四层：第一层刻卷云纹，第二层刻燕居图，第三层、第四层刻车骑。（见图 5−22）

1. 燕居

【图像】

女主人位于左起第四名，面向右，头戴五梁冠。她正伸手欲接面前侍女递过来的一个盘。盘下方地上置一奁。侍女身后三女仆，一个抬手，一个端碗，一个递镜。女主人身后还有三个头戴四梁冠的女人，向右踞坐。

【图义】

参见第一章第二节“燕居”。

2. 车骑

【图像】

第三层：右方一辆单马拉的车，上坐二人。车后一棵矮树。车前二导骑，皆向左行驶。空白处填刻一个人头鸟身粗尾的怪物和有鸟头的云纹。轺车前方空处一榜题，上刻“道吏车”三字。

第四层：右边一辆单马拉的车，上坐二人。车前骑吏三人。空白处填刻一只熊。轺车前的榜题刻“主簿车”三个字。

【图义】

参见本章第一节“车马出行”。

四、小龛供案石

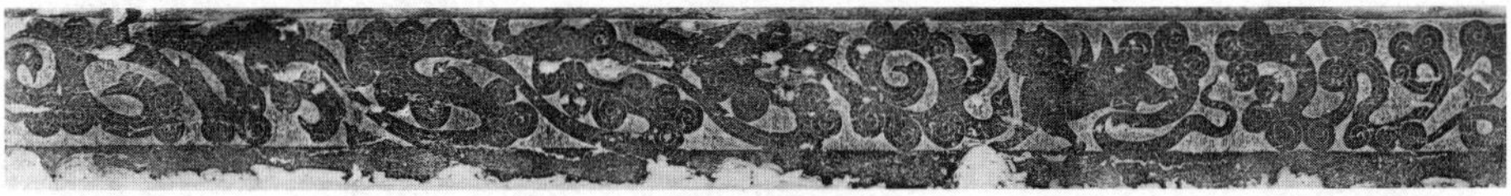

图 5−23

画像石高 25 厘米，宽 167 厘米，厚 33 厘米，长条形，残缺。画面为鸟首、兽首、羽人首、翼虎奔腾、勾连卷叶纹。（见图 5−23）

第五节　承檐枋　隔梁石

一、前壁承檐枋西段画像

图 5–24

画像石高 30 厘米，宽 198 厘米，厚 20 厘米，横长方形条石，中间断裂。上顶成斜面，背刻花纹。画面刻车骑。（见图 5–24）

【图像】

图中车骑皆左向。最左方有二人，一执彗，一举笏迎接来临的车骑。车骑最前面为一导骑，其后一轺车，上乘二人。轺车后为二步卒，手执便面，肩扛梃杖。步卒后是一辆带四维的轺车。此车后的一辆车，上亦乘二人。有四榜但无题字。画面空处刻一些飞鸟。

【图义】

参见本章第一节“车马出行”。

二、前壁承檐枋东段画像

画像石高 29 厘米，宽 118 厘米，厚 20 厘米，横长方形条石，上顶成斜面，背刻花纹。画面为车骑。（见图 5–25）

右起一人执笏面向左，是送行者。其前一辆车，一马拉，上乘人，头戴高冠者回首同御者谈话。马上方一榜题“主簿”。主簿车前是一

图 5–25

辆主车，车盖和舆之间系四维，舆旁有较高的挡板。车前一榜题“为督邮时”。车盖上空有一长尾鸟，鸟头向下，衔一花三瓣。马头上方也有一鸟，回头朝上。督邮车中坐的人露出斜顶高冠之顶部和一把便面。此车前方，有二步卒，手举便面执杖前行。他们后上方，有一榜题“二卒”。二卒前方，有一马拉一辆轺车，马昂首嘶鸣。车前一榜题“行亭”。此榜的左方和下方空处刻两只熊。行亭车马之前，有二导骑，骑者头戴斜顶高冠，拍马前进。

【图义】

参见本章第一节“车马出行”。

三、隔梁石西面画像

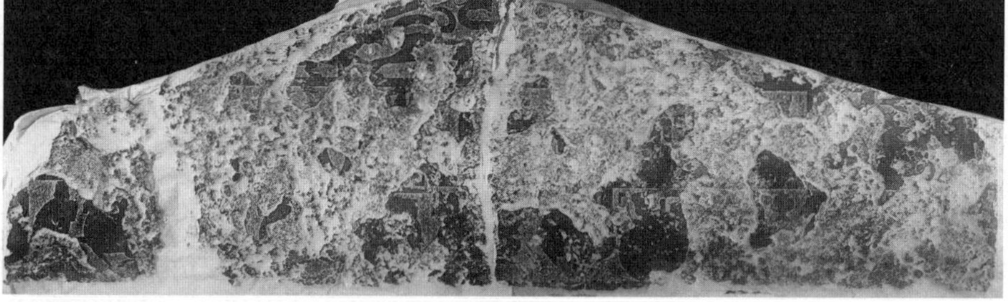

图 5–26

画像石高 62 厘米，宽 227 厘米，厚 24 厘米，三角隔梁石，两肩有榫，两面有画像，中间断裂。画面分三层：第一层刻仙人、云人、

羽人，第二层刻故事图高渐离击刺秦王、鲁秋胡戏妻、无盐丑女钟离春，第三层刻车骑。（见图 5–26）

1. 高渐离击刺秦王

【图像】

画面剥蚀不清。

画面中五人，中间一人，神态自若地击筑，其右上有榜题“高渐离”。高渐离左一人，面向右，右手执剑，左手前伸，似乎时刻预防不测，其右上方有榜题“此秦王”。秦王后一人面向右，执弓，其左上方有榜题“侍卫”。高渐离右边一人，好像专心在听高渐离击筑，再一人执盾，可能也是秦王的侍卫。

【图义】

高渐离的故事见于《史记·刺客列传》。

故事说：秦始皇召见高渐离。秦始皇因怜惜他擅长击筑，特别赦免了他的死罪。于是熏瞎了他的眼睛，让他击筑，没有一次不说好。高渐离渐渐地更加接近秦始皇，他把铅放进筑中，在秦王听击筑着迷不留意时，用灌铅的筑奋起击打秦王，但没有击中。于是秦始皇就杀了高渐离，终身不再接近从前东方六国的人。

【评述】

参见“第二章第四节刺客故事评述”。

2. 鲁秋胡戏妻

【图像】

画面剥蚀不清。

画面七人。最右边二人，在相对交谈。再向左一人，面向左，右手抬起，好像向对面抱孩子的妇人解释什么，其右上方有榜题“鲁秋胡”

三字。抱孩子的妇人再向左，有一老年妇人，面向左，像在招呼什么。右边一妇人，正在回首挣脱一小孩的拉扯，意欲向右奔去。其左上方有榜题“秋胡妇”三字。场景为秋胡妻怒斥秋胡后，欲出门投河的一幕。

【图义】

参见第四章第一节“鲁秋胡戏妻”。

3. 无盐丑女钟离春

【图像】

画面剥蚀不清。

画面四人，左边一人，面左，坐在宝座上，一手伸出，像在召唤人。其背后上方一榜题“齐王”。齐王有二侍女，侍女后面一人，可能是钟离春，在请求拜见齐王。

【图义】

参见第三章第二节“钟离春说齐王”。

四、隔梁石东面画像

画像石高 62 厘米，宽 227 厘米，厚 24 厘米，三角隔梁石，两肩有榫，两面有画像，中间断裂。画面分三层：第一层刻仙人、云人、羽人，第二层刻管仲射小白故事图， 第三层刻车骑。（见图 5-27）

1. 管仲射小白

【图像】

画面五人。左起第二人仰面倒地，示公子小白中箭佯死。最左一人持伞状物遮挡，护卫小白，应系鲍叔。中间一人躬身向左，左手持弓，伸出右手，为管仲，像是在开弓射伤小白后察看其伤势的样子。

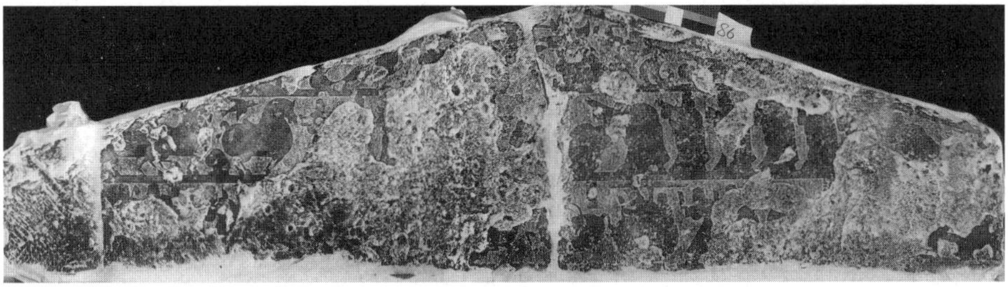

图 5–27

右面二人为管仲及公子纠的随从。（见图 5–28）

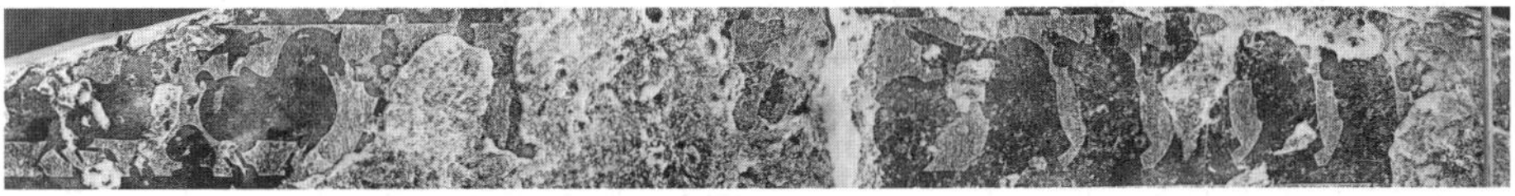

图 5–28

【图义】

《史记·齐太公世家》记载了这个故事：

当初，襄公将鲁桓公灌醉杀死，与鲁夫人通奸，还屡屡杀罚不当，沉迷女色，多次欺侮大臣。他的诸弟害怕祸患牵连，因此公子纠逃亡鲁国，他母亲是鲁国之女，管仲、召忽辅佐他；公子小白逃亡莒国，鲍叔辅佐他。

桓公当时被射中衣带钩之后，装死以迷惑管仲，然后藏在温车中飞速行进，也因为有高氏、国氏二大家族为内应，所以能够先入齐国即位，然后派兵抵御鲁军。这年秋天，齐兵与鲁兵在乾时作战，鲁兵败逃，齐兵又切断鲁兵的退路。齐桓公写信给鲁侯说：“公子纠是我兄弟，不忍亲手杀他，请鲁国将他杀死。召忽、管仲是我仇敌，我要求活着交给我，让我把他们剁成肉酱才甘心。不然，齐兵要围攻鲁国。”鲁人害怕，就在笙渎杀死公子纠。召忽自杀而死，管仲要求囚禁自己。齐桓公即位时，派兵攻鲁，本欲杀死管仲，但被鲍叔牙阻止。鲍叔牙说："我有幸跟从您，您终于成为国君。您的尊贵地位，我已无法再帮助您提高。您如果只想治理齐国，有高傒和我也就够了。您如果想成就霸业，没有管夷吾不行。夷吾所居之国，其国必强，不能失去这个人才。"于是桓公听从鲍叔牙的话，假装召回管仲以报仇雪恨，实际是想任用他辅政。管仲心里明白，所以要求返齐。鲍叔牙迎接管仲，一到齐国境内的堂阜就给管仲除去桎梏，让他斋戒沐浴去见齐桓公。桓公赏以厚礼，任他为大夫，主持政务。

齐桓公得到管仲后，与鲍叔、隰朋、高傒共同修治齐国政事，组织基层五家连兵之制，开发商业，充分利用渔业盐业优势，齐国逐渐富强。齐桓公因此成就霸业，多次会合诸侯，使天下归正于一，这都是管仲辅佐的功劳。

【评述】

在上位的人如何选人用人，鲍叔牙、齐桓公为后人做出了榜样：一是鲍叔牙见贤让位、甘做人梯的精神。鲍叔牙向齐桓公荐举管仲为相之后，始终甘居管仲之下，尤其是在齐桓公成就霸业之后，急流勇退，让管仲毫无顾忌地施展本领。二是齐桓公不计个人恩仇，善听谏言，唯才是用，具有非凡的胸怀和胆略。

第六节　顶部画像

一、屋顶前坡西段画像石

画像石高 121 厘米，宽 215 厘米，厚 23 厘米，右边缘半榫，左

图 5–29

边一卯，背刻瓦垄。画面分四层：第一层刻风云之神出行，第二层刻雷神出行，第三层刻云纹，第四层刻北斗星君。画面左端，平面阴线刻一条龙。（见图 5–29）

1. 风云之神出行

【图像】

左方一人执笏躬身迎接，迎面是一骑兽的神人。兽生有粗大的尾，其下有云纹。后面又有两个骑兽的神人，兽的后腿不见，只见两条粗大的尾巴。再后有一龙和一辆两头神兽拉的云彩作轮的车，上乘坐二神人，车盖作云纹状。云车之后又有两个骑兽神人。最右边风伯用嘴用力吹气，一个小仙人用手摸他的膝盖。他们的上方有飞鸟云车下的云气纹延到龙下，有个小仙人从云中钻出。（见图 5–30）

图 5–30

【图义】

古人对呼呼的大风及由此带来的寒冷无法解释，便想象出来一个专司刮风的风神。风神习称风伯，有三种说法：一说是纣时的谀臣飞廉（蜚廉），因此人很有力气，行走速度快，走起路来带动了风，故为风神。一说风伯为天帝的嫡孙，又兼海神。以海神的姿态出现时，面目和善；以风神的姿态出现时，则很凶猛。他人脸鸟身，长有一对大翅膀。当他扇动翅膀时，便鼓起巨风。又一种说法，风神是天上的箕星。箕星能像簸箕一样煽动出风，故名。

2. 雷神出行

【图像】

图 5–31

雷神的云车在左方。雷车上立两面鼓。雷神女装，手执一柄槌。车后一神人站在云上，两手摸鼓，其后又一神人双手搭在他的后背上。雷车前有二粗绳，六个神人分两组，每组三人，各拉一绳。他们前面有三个女神人，其中二人一手抱瓶，一手端碗，似为下雨的雨师。其右又一龙二首倒垂于地，其背弯曲如桥状，一神人在其内执凿，正击一跪伏女子，龙背左上另一神人亦执凿。古代触电称雷击，传说是对做坏事人的惩罚。龙背上一戴冠长袍神人执策，即俗谓“童女掣电策”。其右有六七个披发神人，均应为雷公属神。空白处填以云纹，有鸟和龙在云中飞行。（见图 5–31）

【图义】

下雨时，天上往往有电闪雷鸣，古人对此无法解释，而想象出雷公、电母。雷公也称雷神，雷师，为司雷之神。因雷声隆隆，如击鼓的声音，故人们想象出一个击鼓的神来。王充《论衡·雷虚篇》说："图画之工，图雷之状，累累如连鼓之形。又图一人，若力士之容，谓之雷公。使之左手引连鼓，右手推椎，若击之状。"

3. 北斗星君出行

【图像】

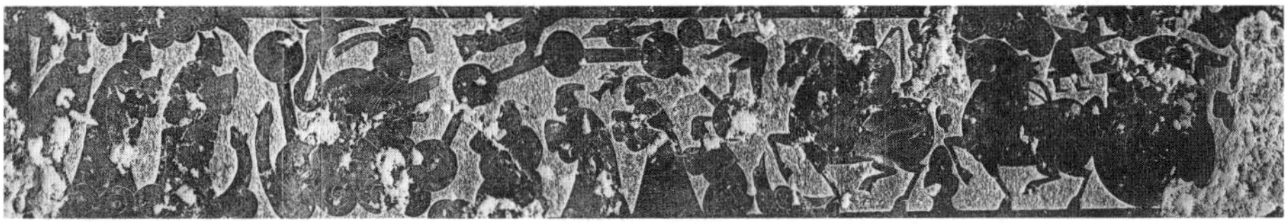

图 5–32

北斗七星整齐排列，四颗星组成车舆，三颗星组成车辕。车下无轮，有云气托住。云气中伸出一个兽头蛇身怪物。星君坐于车内，面向右，头戴斜顶高冠，前后有飘带。车后三人足踏云彩，云中伸出一兽头蛇身怪物。三人均头戴双角帽，手中皆举笏，面向星君车，似为之送行。星君车前面有四人迎接，二人跪，另二人站立，皆头戴单角帽。他们后面有一骑马人，肩上一鞭，面向左行。其后一辆軿车，单马拉，曲辕，车中露一驾车人，车后似有一人相送，但已剥落不清。车盖前上方，一个小仙人以手摸车盖。空处填有带鸟头的云纹龙头等。还有一个小仙人手举一星。（见图 5–32）

【图义】

古代人很早的时候就注意到天顶的七颗星星。因为这七颗星聚成斗形，又居于北方，故名北斗星，道家亦称天罡星。《史记·天官书》记："北斗七星，所谓璇玑玉衡，以齐其政。"《晋书·天文志》又记："北斗七星在太微北……枢为天，璇为地，玑为人，权为时，玉衡为音，开阳为律，摇光为星。"又曰："斗为人君之象，号令之主。"北斗星君之说，是把天上的星人格化了。北斗星比较明亮，肉眼能够清楚地看见，随看一年四季的变化，七星也在不停地转动。因为人们看它围绕北极星旋转，居于天之中央，便把它称作"帝车"。

【评述】

风云之神出行、雷神出行、北斗七星出行，是古代先民通过对天文气象的观察，赋予其现实生活和人格化的想象，表现了先民们善于观察和探索自然规律，并富于想象和善于发明的智慧。

二、屋顶前坡东段画像石

画像石高 121 厘米，宽 222 厘米，厚 23 厘米，左边缘半榫，右边一卯，背刻瓦垄。画面分四层：第一层刻神人出行，第二层刻伏羲、女娲神话人物，第三层刻仙人出行，第四层刻神话人物。画面右端，平面阴线刻一白虎。（见图 5–33）

1. 神人出行

【图像】

左端一人拱手相迎。右方来的行列中，最前面为三条有翼的龙，上方一条龙背上骑一仙人。三龙之后有三匹马形怪兽，尾粗大。之后有二仙人骑牛形怪兽，也有粗尾。二牛形怪兽之间夹杂着云纹和鸟头。其后有一辆轺车，以云彩作车轮，车盖也饰以云纹，上乘二仙人肩生

图 5-33

双翼，头戴双角帽。拉车的是三只鸟头怪兽。车后空处刻一小人，其余空白处填以云纹。（见图 5-34）

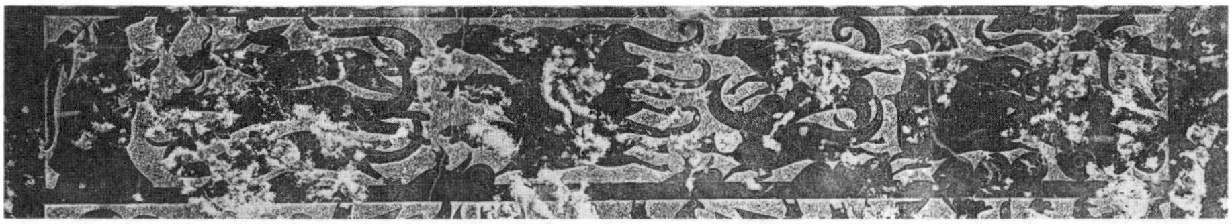

图 5-34

2. 伏羲女娲

【图像】

伏羲、女娲位置偏右，女娲执规，伏羲执矩，其尾相互交缠。女娲在右方，面向左，其后有两个人身蛇尾女侍者，一人手举便面。侍者后面刻有半个长发小人。伏羲头戴斜顶高冠，面向右。其身后有一个头戴双角帽、肩生双翼、腿作双尾形的仙人，手举便面，但便面已落。此仙人面向伏羲，当为侍者。其后有一仙人头戴双角帽，肩生双翼，腰以上为一身，腰以下为两身，无足有尾，一手握前者的翅作飞行状。后有两个仙人，下半身被云纹遮掩，云纹中伸出鸟头。两仙人面向左，前者无足，肩生双翼，双尾拧成麻花形，面向左。有一仙人有两个相背向的人头，一对翅膀，下半身被云纹遮掩，双尾做交叉状。其左方有两个仙人，均为腰以上有一身，腰以下为两身，向左飞行，其一回头观看。其前方有两个头戴双角帽、肩生双翼、双腿作双尾的仙人在飞行。仙人前方是云纹，从中伸出两个鸟头，空处还填有鸟头。（见图 5–35）

图 5–35

3. 仙人出行

【图像】

图 5–36

行列自左向右。左方刻一辆车，云彩作车轮，上乘两个有翼仙人，主人头戴山形冠，御者戴双角帽。车盖上饰云纹。车由三条龙拉着。三龙之中夹杂一条无四肢的小龙。下方龙的前面有一小仙人，以手摸龙的前肢，此车后面有两个头戴双角帽的仙人骑龙，肩上各扛一幡。三龙前方，也有四个仙人骑龙，手举幡。二龙在后，并肩齐进；二龙在前，一前一后。最前方一龙仰首。一个小仙人半蹲于龙前，以手摸龙颈。小仙人背后，一个仙人手举长幡面向左，大约是迎接仙官来临。空白处填以云纹、鸟头。（见图 5—36）

4. 神话人物

【图像】

图 5—37

左端刻一头黄牛迅猛奔跑。它的上方有一个仙人俯身飞行，一手摸牛头。牛后面一个长发、肩生双翼、足作一粗尾形的仙人，一手握住牛尾，一手拉住仙人的粗尾。他身后一个头戴双角帽的仙人，展开双翼欲飞，下半身为一大粗尾。其右有一条无四肢的龙，有两条带云纹的大粗尾。龙右上方有一个仙人展双翅飞翔，有一大粗尾。更右方有只怪鸟，有三条粗大的尾，中二尾相交缠，尾翘起。其上方有一仙人，无足单尾，作飞行状，一手摸怪鸟的翅膀。其后面有四个肩生双翼的仙人，均穿宽袍大袖的衣服站立，举手似有所言。空处也填有鸟和云纹。（见图 5—37）

【评述】

神话不是个人的产物，而是在民族集体意识支配下精神活动的反映，是原始人类探索与神秘宇宙沟通方式的产物。因此，神话是超自然的，但更重要的是它反映了先民对自然界、人类世界诸现象的解释与认知。神话作为人类童年时期的作品，从中汲取某些现代生活与文化所缺乏的民族精神，在今天仍具有重要的价值与意义。

第六章　左石室画像

左石室为武斑祠，因位于武梁祠的左侧而得名。现存画像石16块。

第一节　西壁画像

一、西壁上石画像

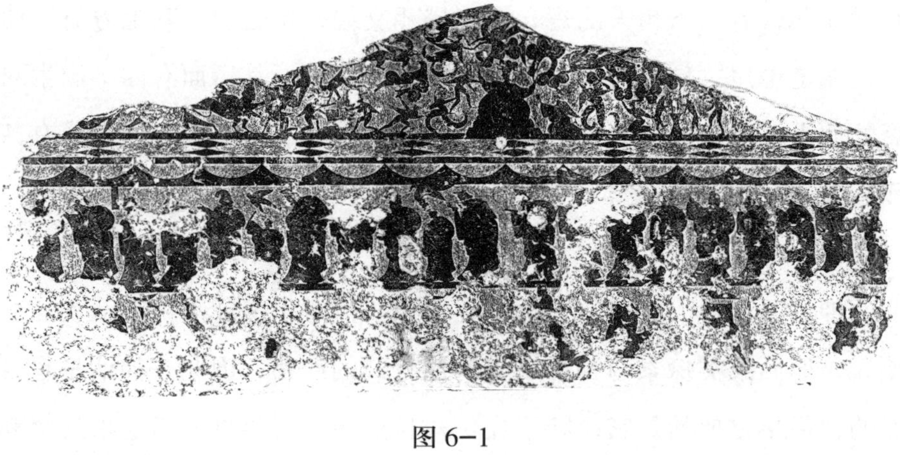

图6-1

画像石高91厘米，宽211厘米，厚24厘米，锐顶，两肩有榫。

画面分三层：第一层刻西王母、神话人物，第二层刻孔门弟子，第三层刻车骑。（见图 6–1）

1. 西王母

【图像】

西王母中坐，头戴华冠，肩生双翼，右有一肩生双翼仙人跪向西王母，手献三珠树果。此献果者后面有一个无足有双尾的仙人和一肩生双翼仙人，亦面向西王母跪坐。右方有两个玉兔在捣药。玉兔右方，站立一仙人。其上方有云纹和两条龙。西王母左方有五个肩生双翼的仙人，其中三个仙人无足有双尾。左方有带兽头的云纹和一条龙；再左方有仙人抬一六博棋局，一仙人在空中俯身朝下飞行。再左边有一双翼仙人面向左，四肢着地。他对面有一人面鸟，面向右。人面鸟后面有一兽，前半身已剥落。

2. 孔门弟子

【图像】

孔门弟子二十人，均朝左方，面亦大都朝左，但有五人回头同后面的人说话。头上大多戴斜顶高冠，有少数戴一种“绵羊角”帽。左起第六人和第十人身材矮小，头上方均刻一飞鸟填空。最右方一人，头戴雄鸡冠者，当是子路。

【图义】

参见第五章第一节“孔门弟子”。

二、西壁下石画像

画像石高 99 厘米，宽 212 厘米，厚 23 厘米，横长方形。刻水陆

攻战图。（见图 6–2）

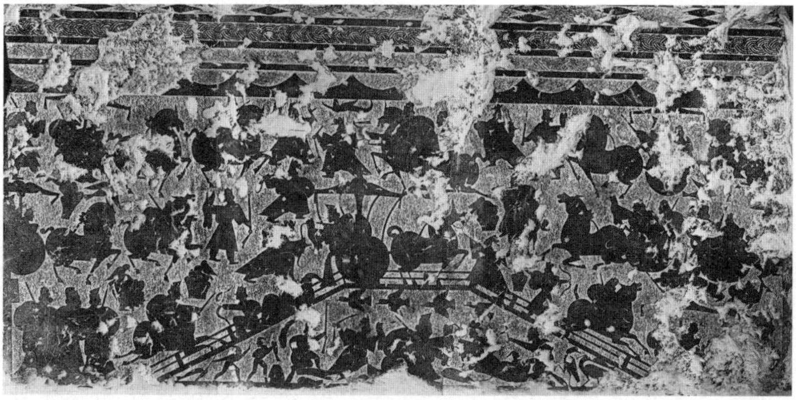

图 6–2

【图像】

当中是一座带栏杆的桥。桥上正中有一辆主车，带四维。车主人手执剑盾，正返身同一个手执钩镶的女子相斗。左方桥坡上躺一长发人，似被杀伤。其下方一人执弓和一执剑骑马的人相斗。右方桥坡上一女子持戟刺主车的马，一个执弓人射一个执剑骑马逃跑的人。桥上方两边空地上，是一场不分战线的混战。主车上方一女兵执剑在同两执戟的骑兵相斗。左方一人和一骑兵相斗。再左方为一辆轺车和车后执剑的步卒。这辆轺车之下为另一辆轺车。最下方有三人站立，左右二人各执一剑，中立者袖手。其右上方一骑者执剑同另一手执剑盾的步卒搏斗。此步卒右方还有一个手执钩镶的女兵。主车右方有一矮树丛，树旁一骑兵，马身横置。此骑上方一女兵手执钩镶，面向右。右方一男子手执剑盾，面向右。此二人似和右方一轺车斗。轺车的乘车人手执一剑杀来。车后一骑。此轺车下方，有两辆无盖轺车。其一面向左，车上二人，手举剑盾。另一车面向右，似准备逃跑。车上一人手执剑，另一人为驾车人。二车下方一人手执剑。此人下方桥坡上一辆轺车正下坡。

桥下三只小船在作战。中间船上，一人头戴斜顶高冠，手执剑盾，迎战左右夹攻者。左方小船上二人，一女兵手执剑盾在前，后一人手执剑。右方小船三人，女兵在前，手执钩镶，当中坐一身躯矮小的孩童，其右一人手执剑。小船上方有四只飞鸟，左方一人用罩捉鱼。一打鱼者手提绳，绳上串两条鱼。小船右方有两只水鸟，其中一只正在叼鱼。画面空隙处有树丛、熊、鸟、仙人等。

第二节 东壁画像

一、东壁上石画像

图 6-3

画像石高 91 厘米，宽 211 厘米，厚 20—22 厘米，锐顶，两肩有榫。画面分三层：第一层刻东王公、神话人物，第二层刻孔门弟子，第三层刻车骑。（见图 6-3）

1. 东王公

【图像】

东王公正面端坐中央，肩有双翼，宽袍袖手。右旁有四个仙人，肩均有双翼。二人长发，二人戴双山羊角帽。其中一长发仙人向东王公递杯。双角帽的仙人无足有尾，在天上飞。仙人后面有只长尾朱雀，其下有云纹和两个鸟头。右边有两只双头人面兽。怪兽上方，一个飞翔的仙人用手摸怪兽头的后颈，另一个仙人站在怪兽身上。右方有两个仙人的后衣摆平搭成桥，一个仙人在其上跳舞，衣摆下方一只鸟。再右方一个双尾的仙人伸出双手摸前面的仙人。其后一只长尾鸟。东王公左边一个戴双角帽的仙人手举三珠树果实，献给东王公。他的上方有一带鸟头、蛇尾的云纹。再上方有两只蟾蜍，伸展四肢和双翅作飞翔状。一仙人用手握住举三珠树果仙人的肩膀。举三珠树果仙人的左上方有一戴双角帽、双尾、肩生双翼的仙人在飞翔，其左下方有两个怪兽，一马头人身、一鸡头人身，肩生双翼，手执笏，面向东王公跪着。鸡头人身怪兽后面，有人头鸟身怪物，手中似举一巾，鸡头人身怪兽上方，有带鸟头和蛇尾的云纹。最左端有一仙人，肩生双翼，只见上半身。空白处填以云纹、鸟头。

【图义】

参见第三章第一节“东王公”。

2. 孔门弟子

【图像】

一列人物，共十八人。其中十二人戴斜顶高冠，三个戴单绵羊角帽，三个戴“元宝顶”帽。身子大都朝右方，有四人回头和身后人谈话。十七人站立，左起第三人面朝左跪，其中五人手拿竹简。空白处

有两只飞鸟。（见图 6–4）

图 6–4

【图义】

参见第五章第一节“孔门弟子”。

3. 车骑

【图像】

图 6–5

主车稍靠左方，有四维，一马拉。车上二人，已剥蚀不清。主车后有一从骑，骑者左肩依锦囊，人和马均刻正面像。右方一辆轺车，上乘二人，车后一人执笏送行。主车前方二步卒，手执管吹奏，一手执梃荷于肩上大步迈进。步卒上方一飞鸟。步卒之前为一前导的轺车。车前有三个骑兵向左前进，前二人并而行，后一骑单进。单骑者上方有一双蛇尾的怪鸟。双骑上方也有一飞鸟。骑者中有一人肩上有马鞭。右方二车前有空榜各一，无题字。（见图 6–5）

【图义】

参见第一章第一节“车骑”。

二、东壁下石画像

画像石高 98 厘米，宽 210 厘米，厚 20—25 厘米，横长方形。画面左段分三层：第一层刻踏鼓舞、抚琴图，第二层刻车骑，第三层刻庖厨；右段刻秦王泗水捞鼎图。（见图 6–6）

图 6–6

1. 踏鼓舞

【图像】

图像左侧第一层刻踏鼓舞。左边地面上放置五面鼓，有一人两膝跪在鼓上，左手也摁在鼓上，右手上扬，脸朝上，在跳鼓舞。左方一人手执鼓桴，脚踏鼓上；右方一人手中也拿一鼓槌，单膝跪地。其右方有三男子面向右坐。前面一人双手张开，似为击节，其后一人吹管，一人吹排箫。右面三女子面向左坐，前面一人弹筝。

【图义】

参见第五章第二节“踏鼓舞”。

2. 车骑

【图像】

图像左侧第二层刻车骑。最前方一骑者肩上一物，似为马鞭。其后两辆轺车，形制相同，上均乘二人，戴斜顶高冠者为主人，戴小“元宝顶”冠的是御者。轺车后有一骑者，人马均刻作正面形状。

【图义】

参见第一章第一节“车骑”。

3. 庖厨

【图像】

图像左侧第三层刻庖厨。右边刻桔槔，桔槔的横杆和汲水绳可见。右旁人持刀，正欲剥狗。桔槔上方刻两只鸟和一只熊。画面中部一人捉住一鸟，二人杀鸡。画面左方一楼，楼顶上有两只熊，屋檐下悬挂着猪腿、鸡、鱼等。下方有灶甑，但大都剥落，只见甑的一部分。

【图义】

参见第五章第三节“庖厨”。

4. 泗水捞鼎图

【图像】

上方站立一列人物。右面中间二人头戴斜顶高冠，当为官员，在指挥和观看捞鼎。右面三人站立面左，前一人一手抱锦囊，一手举便面，当为侍从。左面有四人立，一人跪。跪者手执笏，站立者中有二人执笏，一人空手，一人举便面，另一手抱锦囊。空处刻一小熊和一飞鸟。（见图 6–7）

下方右面刻一河，河中有一鼎，鼎内伸出一个龙头。河的两边岸

图 6–7

上，左岸四人，右岸三人，手中执绳欲起鼎，但绳子被龙咬断，拉绳的六人均摔倒。河岸左边，还刻了两个骑马人，一辆轺车。车上乘二人，戴斜顶高冠的为车主人，在回头向后张望。河中水面上有两只小船，上各乘两个大人一个小孩。左方小船上一人执桨，一人举篙欲顶住下落的鼎。右方小船上，前、后二人均手执桨，注视鼎。河面上空有四只飞鸟，水中有三个渔夫捕鱼。左方的一个渔夫将罩放在一边，左手拎起一条鱼，右手用绳牵两条鱼。中部两个渔夫共拿一条鱼，面前也有一罩。右方有一只高足水鸟正欲叨鱼。在渔夫之间还有三条大鱼。右河岸上方空处有一条龙，左河岸左边空处有一只飞鸟。

【图义】

“泗水捞鼎”是汉画像中最广泛的历史故事题材，关于其内容，最早见于《史记·秦始皇本纪》：“二十八年，始皇东行郡县，上邹峄山。立石，与鲁诸儒生议，刻石颂秦德，议封禅望祭山川之事。乃遂上泰山，立石，封，祠祀。下，风雨暴至，休于树下，因封其树为五大夫。禅梁父。”“始皇还，过彭城，斋戒祷祠，欲出周鼎泗水，使千人没水求之，弗得”。

此画像刻画的是鼎被拉到岸边唾手可得时，突然飞来一只神兽，咬断了绳索，打捞的人们跌了个仰面朝天，鼎又沉入水底，从此不见踪影。

【评述】

鼎，本是用来烧水蒸煮食物的炊具，后演变为祭祀祖先神灵的器皿、权力的象征、德政的化身。鼎喻王权，惟有德者所有，而君主暴虐无德必将失之。此画像说明求鼎不得，灭亡在即，天意使之，所谓“在德不在鼎”。这幅政治讽刺画是对王权盛德的褒扬与赞许，也饱含对暴政的警告与劝勉。

第三节　后壁画像

一、东段承檐石画像

图 6–8

画像石高 98 厘米，宽 210 厘米，厚 20—25 厘米，横长方形，上顶成斜面。画面刻孔门弟子。（见图 6–8）

【图像】

画面有孔子弟子十三人。左起第四人头戴雄鸡冠、双手提一个小猪在腰间者当为子路。十三人中有九人头戴斜顶高冠，有二人戴“元宝”顶帽子，一人戴下垂的单角帽。他们都身朝右，有五人回头和后面的人说话。有四人手拿竹简。上方空处有榜五处无题字，空中有飞鸟一只。

【图义】

参见第五章第一节“孔门弟子”。

二、后壁横额画像

画像石高51厘米，宽250厘米，厚27厘米，横长方形条石，背面中下部凿成平面，右边残缺。画面刻车骑。（见图6-9）

图6-9

【图像】

剥落颇甚。稍靠右边有辆轺车带四维，是主车。车主手执便面。其后为二骑，中一骑手抱锦囊。二骑后面为一车，主车前有二步卒，但只见后足。二步卒前有二骑，肩扛棨戟。二骑前有两个吹管持杖的步卒。二步卒之前，为三辆轺车作前导。空处有榜无题字。

【图义】

参见第一章第一节“车骑”。

三、后壁小龛东侧画像

画像石高96厘米，宽78厘米，厚22厘米，竖长方形。画面分

图 6–10

三层：第一层刻随侯珠的故事，第二层刻赵盾救灵辄，第三层刻神人操蛇。（见图 6–10）

1. 随侯珠的故事

【图像】

地上置一高柄豆，豆盘上置一物。豆身上缠着一条蛇，向上探头。豆左右各站立三人，中间二人，左方的人正伸手欲拿豆盘上之物，右方的人似扬手制止。左右后面二人均手举笏于胸前，面向中间。

【图义】

此故事见于东晋干宝《搜神记》卷二十。

故事说：隋侯外出经过隋县溠水河时见一条大蛇被拦腰砍伤，猜想它有灵气，命人用药封好伤口，蛇才离开，故而此地被命名为“断蛇丘”。一年后，大蛇口衔明珠报答隋侯。珠子直径一寸，纯白色，夜晚仍光彩夺目，因此被称为“明月珠”，也叫“灵蛇珠”，又叫“隋侯珠”，或作“随侯珠”。

【评述】

随侯珠与和氏璧通常用来指代珍宝或珍宝中的上品，因此二者常常并称，或简称为“随珠和璧”。《淮南子·览冥训》中就有“譬如隋侯之珠，和氏之璧，得之者富，失之者贫”的说法。随侯珠作为天下至宝，常用来譬喻人们美好的德行。因此这则故事也在启示人们要心地善良，懂得心存感恩。

2. 赵盾救灵辄

【图像】

图中有一辆单马拉的轺车，就是赵盾所乘之车，车上一驾车人回身朝后看。灵辄饥饿不能行走，在桑树下休息。赵盾下车，用盂和勺子喂灵辄。树上刻两只鸟。轺车前一人持笏迎，马上方一飞鸟，马前一犬。

【图义】

参见第五章第二节“赵盾喂灵辄”。

3. 神人操蛇

【图像】

画面中间一人头朝左匍匐在地，身上被一条大蛇缠住。两旁各来一人相救。右边的一人戴下垂的单角帽，手举斧头正对蛇头下击。左边一人举起手，头披长发。上方有蜻蜓、蜥蜴、小蛇等。左上方还刻有一个上半身、两个下半身的仙人。

【图义】

操蛇图像流行于先秦时期，相关记载只见《山海经》和《列子》。汉画像石中也发现了少量的操蛇图像，通常被称为“神人操蛇”图像。它反映了先秦时期的人蛇关系，当时的人们对于蛇怀着恐惧和崇敬的双重心理，人们既希望能够将蛇制服，又对其加以崇拜。从操蛇图像上看，人对于蛇的操控不限于手持的单调方式，啖蛇、珥蛇、践蛇、腰缠蛇等方式的发现大大丰富了操蛇图像的内容和形式。

四、后壁小龛东侧画像

画像石高 97.5 厘米，宽 69 厘米，厚 25 厘米，竖长方形。画面分三层：第一层刻管仲射公子小白，第二层刻荆轲刺秦王，第三层刻伏羲、女娲。（见图 6–11）

图 6–11

1. 管仲射小白

【图像】

画像中偏左刻一人，头戴斜顶高冠，仰身卧在地上，膝部中一箭，面向右。左方一人手执伞盖，遮掩仰卧者。卧者右方人一手执弓、一手抬起。其后二人立，着宽袖大袍，手执笏。这是管仲射小白的故事。卧地上者是公子小白，执弓者是管仲。

【图义】

参见第五章第五节“管仲射小白”。

2. 荆轲刺秦王

【图像】

中间一柱，柱上穿透一匕首。匕首带穗。柱下一匣，匣盖打开，露出樊於期的头。柱旁半截袖子当是荆轲揪秦王时，秦王使劲一挣脱落的。柱左方荆轲被御医夏无且抱住，两手扬起，头发也甩开。柱右方秦王大步跑，左手抽身背后的长剑，但剑身未抽出，回首望。秦王下方一人仰卧地上，像是吓倒了的秦舞阳。秦王右方一武士手执剑盾，正欲来帮助秦王。左上方一榜无题。

【图义】

参见第二章第四节“荆轲刺秦王”。

3. 伏羲女娲

【图像】

图中伏羲居右，头戴斜顶高冠，面右，一手执矩；女娲头戴五梁华冠，面左，一手举规。二者均为人身蛇尾，两尾相缠。当中有两个小仙人，同样两尾交缠。伏羲面前还刻一长尾、肩生双翼的小仙人，其下刻云纹。云纹中有两鸟头伸出。女娲面前有长尾小女仙飞翔，其下也有鸟头。云纹左上方一榜无题字。

【图义】

参见第二章第二节“伏羲与女娲”。

第四节　小龛画像

一、小龛东壁画像

画像石高 72 厘米，宽 73.5 厘米，厚 20—33 厘米，转角石。左侧面刻花纹。画面分三层：第一层刻虞舜登梯修粮仓，第二层刻二桃杀三士，第三层刻车骑。（见图 6-12）

1. 虞舜登梯修粮仓

【图像】

左边有一房屋，房屋内有一立柱，柱右一人头戴斜顶高冠，面向

图 6–12

右坐。屋外有梯子，一人肩扛铁锨，上挂一包裹，正往梯上爬，回头向后看。右方一女子手执弓，欲射此人。女子和登梯的人之间有两个小孩。女子身后有二人站立，其前一人执笏，后一人抬起手。前者一人回头与后面的人说话。空中有飞鸟一只，屋顶上一猴蹲坐，有榜三处，但无题字。据考，此画像描绘的是虞舜登梯修粮仓的故事。也有学者认为这是“信夫射孺子”的故事，待考。

2. 二桃杀三士

【图像】

左方地上置一高足盘，盘中放两个桃子。公孙接、田开疆、古冶子三人装束相同，头戴下垂的单角帽，手执一剑。公孙接正以手援桃，田开疆也张手要拿桃子，古冶子站立稍远。古冶子身后有个矮小之人，当是齐相晏婴。晏婴右方一人扬手，一人执笏。有榜三处无题字。

【图义】

二桃杀三士的故事最早记载于《晏子春秋》。齐景公有三位勇士公孙接、田开疆、古冶子，他们皆恃功自傲。晏子谏景公除掉三人，让景公送两个桃子，要三人论功领取，结果三人互不相让，先后自杀，此图刻画的正是三人争桃的场景。

【评述】

这则故事既反映了晏子的谋略与机智，又警省后人骄狂必惹来众多非议，最终自取祸败。

3. 车骑

【图像】

左方一人躬身捧盾迎接，来者最前方为二骑者。二骑后有马拉的车一辆，上乘二人，一头戴斜顶高冠，一戴小“元宝顶”帽。空白处刻飞鸟。有榜两处无题字。

【图义】

参见第一章第一节“车骑”。

二、小龛后壁画像

图 6–13

画像石高 72 厘米，宽 165 厘米，厚 19 厘米，横长方形。画面分两层：（见图 6–13）

第一层右段刻一双层楼房。楼下男主人戴斜顶高冠，面向左坐，其前二人执笏俯身跪拜叩头。跪拜者后面一人执笏，身佩长剑，面向主人欠身致意。主人身后一人，一手执笏，一手抱锦囊。楼上女主人正面端坐，头戴五梁华冠。左边侍女四人，最前一人递梳给女主人。右边侍女三人，最前一人手递铜镜给女主人。侍女外方，左右各一人用手托住屋顶作蹲坐状。屋顶上方有一猴和一个仙人吸两只长尾朱雀。楼房左右有双阙。两阙皆重檐，重檐之间的平台与楼房相连。右阙阙下二人立，头戴斜顶高冠，身穿宽博大衣，手举笏，身朝楼房。左方一人回头向身后的人说话。两层阙檐之间有一只蟾蜍，头朝下，用后两肢托住阙顶。蟾蜍左方一女子坐在阙槽上，手持三珠树枝，面向楼房女主人。蟾蜍右方一人立于阙檐上。阙顶上有两只猴子。左边阙下右方，一人手举笏，面向楼房站立。两层檐之间有一只熊作人立状，前肢托住阙顶。熊右方有两女子，面向楼房坐。左方有一男子，身子朝左，回头向右看。阙顶上有一只猴，两只鸟。

第一层左段上画面有五人坐，中四人向右，一人向左。面向左者手执毛笔在简册上写字。左四人中坐在后面者手执笏。这是少见的在汉画像中出现用毛笔书写的场景。

第一层左段下为连理树。树下右方一匹肥马站立。左方停一辆曲辕轩车，车辙上挂马料兜。其下一只鹅。树顶上停三只鸟，树枝间一只猴。树左方一人执弓射鸟。

第二层为车骑。向左行进。右端为一辆带四维的轺车，上乘二人，皆戴斜顶高冠。前坐一人手执便面。马上方一榜无题字。轺车马前有两步卒，一手执吹管，一手执梃杖荷肩上。步卒前两个骑马人，肩上扛着长幡。二骑前有轺车两辆。后面轺车乘坐者，一戴斜顶高冠，肩上扛一拂尘。

三、小龛西壁画像

图 6−14

画像石高 71 厘米，宽 74 厘米，厚 23—33 厘米，转角石。右侧面刻花纹。画面分四层：第一层自右至左刻丁兰刻木供父、邢渠哺父、季札挂剑的故事，第二层刻赵氏孤儿的故事，第三层刻周公辅成王，第四层刻车骑。（见图 6−14）

1. 季札挂剑

图 6-15

【图像】

图中左边刻一坟冢，坟上长一棵树，树上有鸟。坟堆前插着一把剑。坟前放置一个供案，上有供品、祭器等。供案左季札跪地向坟堆叩头。季札身后一人系季札的随从，也跪向供案。（见图 6-15）

【图义】

珍贵宝剑做祭品，挂于亡友墓碑前。这段体现忠诚信义真挚情意的故事——“季札挂剑”在《史记》《说苑》中均有记载。

故事说：吴国季札奉命出使，途经徐国。他与徐君一见如故，结为好友。徐君喜爱季札佩戴的宝剑，但碍于礼节，虽没言明，季札却早已看出其心意，只因任务在身，不便立即赠予。季札本想回程时将宝剑赠与徐君，不料徐君已溘然长逝，于是他解下佩剑挂于徐君墓前。随行的人说，徐君已去，还赠剑做什么？季札说：“我内心已许诺于他，岂能因他的离去而违背我的初衷？”

【评述】

孔子说：“人而无信，不知其可也。”《中庸》里讲：“诚者，天之道也。诚之者，人之道也。”诚信作为中华民族的传统美德，是每个人的立身之本。内诚于心才能外化于行，从季札在徐君墓前献剑这一平凡而又常人难及的细节中，我们看到了先秦时期这位风云人物心存信义的胸怀。

2. 赵氏孤儿

【图像】

图 6–16

左方刻一女子坐在矮榻上，手举镜照面。她前面有二男子跪着。其一头戴高冠、手举笏，正在参见。二人之间的男子似为侍从。右方刻五人，有一妇女怀抱婴儿坐在有靠背的矮榻上。其前一男子站立，似为侍从。她身后一个头戴斜顶高冠的男子执笏跪坐。男子后面还有二人执笏面向左跪坐。这可能是程婴保护赵氏孤儿的故事。有四榜无题。（见图 6–16）

【图义】

赵氏孤儿的故事最早见于《左传》，司马迁《史记·赵世家》、刘向《新序》《说苑》有详细记载。

故事的大意是说，春秋晋灵公时奸臣屠岸贾谋害忠臣赵盾，致使赵家三百余口满门抄斩，唯有赵盾之孙——襁褓中婴儿为门客程婴所救。屠岸贾下令将全国一月至半岁的婴儿全部杀尽，以绝后患。程婴遂与门客公孙杵臼上演“偷天换日”之计，以牺牲公孙杵臼及程婴之子为代价，成功保住赵氏最后血脉。20 年后，程婴将冤案始末绘图告知孤儿赵武。后赵武在大臣魏绛帮助下手擒屠岸贾，使赵氏家族沉冤得雪。

【评述】

这部家喻户晓、享誉海内外的故事，讴歌了以程婴为首的一群古代英雄，以国家利益为重的忠义和为正义献身的牺牲精神，在今天仍然具有现实意义。

3. 周公辅成王

【图像】

图 6–17

成王中立在一个矮台上。左边一人头戴斜顶高冠，宽袖大袍，面向成王，跪察事项。其后二人手执笏，略躬身面向成王。右方一人戴斜顶高冠，面向成王，略躬身给成王打一华盖。此人身后有三人立，均手中执笏，中间第二人回头向后看。（见图 6–17）

【图义】

参见第一章第二节“周公辅成王”。

第五节　隔梁画像

一、隔梁东面画像

图 6–18

画像石高 64 厘米，宽 239 厘米，厚 26 厘米，三角隔梁石，锐顶，两肩有榫。画面分两层：第一层刻闵子骞御车失棰、梁高行拒婚的画像，第二层刻人物车马画像。(见图 6–18)

1. 闵子骞御车失棰

【图像】

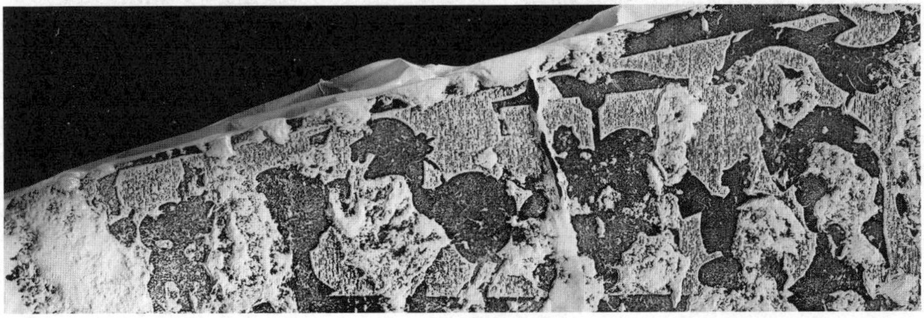

图 6–19

武梁石室画像上刻一高头马右向拉一轺车。车上坐二人，前部小儿(子骞后母弟)，在前拉着马缰，面朝右看，子骞父坐于车后，有短髭，面朝左，右手抓着车桯，左手扶着车后跪地之人(闵子骞)。子骞面

朝其父，双膝跪地，与其父交谈。（见图 6–19）

【图义】

参见第二章第三节“闵子骞御车失棰”。

2. 梁高行拒婚

【图像】

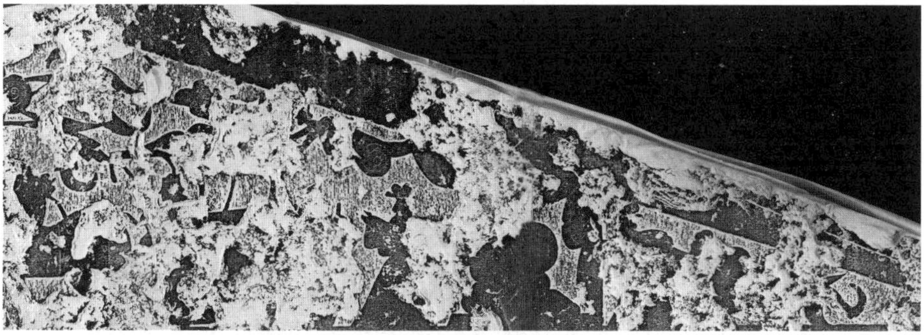

图 6–20

画面残损，漫漶不清。据考为梁高行拒婚的故事。（见图 6–20）

【图义】

参见第四章第一节“梁高行”。

二、隔梁西面画像

图 6–21

画像石高 64 厘米，宽 239 厘米，厚 26 厘米，三角隔梁石，锐顶，

两肩有榫。画面为水陆攻战图，详见见第六章第一节。（见图 6–21）

第六节　顶部画像

一、屋顶前坡东段画像

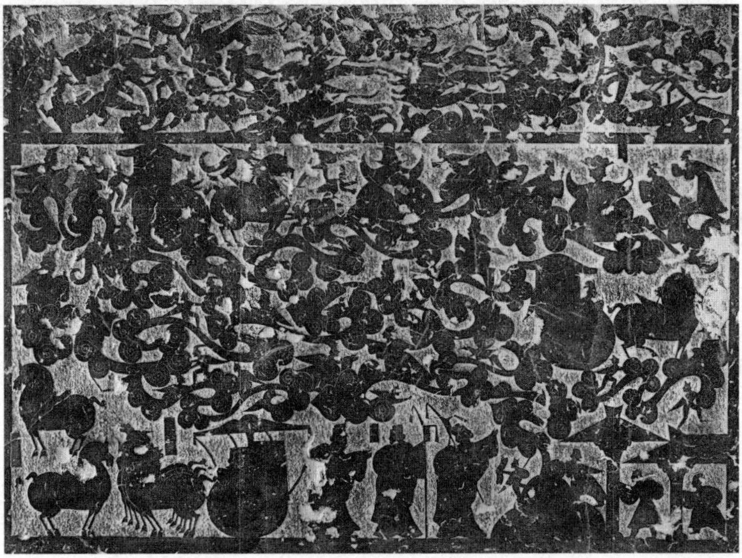

图 6–22

画像石高 140 厘米，宽 167.5 厘米，厚 23 厘米，横长方形。左边缘半卯，右边残，可见到一卯的痕迹，背刻瓦垄。画面分两层：第一层刻仙人出行图，第二层刻祭祀先人图。（见图 6–22）

1. 仙人出行

第一层自左向右看，最左方一人持笏迎接，其右下一龙，右上仙人乘龙。二龙后，二仙双肩生翼，作腾飞状，一仙无足双尾，一仙足踏云上。再右有一龙和云纹及一仙人。其后为二仙乘龙。再后为三龙驾云车，上坐一神人，似为女性。矮小仙人为御者。车后是一些云纹和二仙乘龙，云纹中有鸟头，还有一小仙人。

2. 祭祀先人

第二层画面大体可分天上、人间两个部分。人间部分描绘了武氏家族祭祀先人的场景，天上部分则描绘了想象的家族先人死后到了仙界拜会仙人的场景。

二、屋顶前坡西段画像

图 6–23

画像石高 129 厘米，宽 169 厘米，厚 23 厘米，右边缘半卯，背刻瓦垄。左、下两边残。画面分四层：第一层刻仙人出行图，第二层刻雷神出行图，第三层刻方相氏除妖图，第四层刻狩猎图。(见图 6–23)

1. 仙人出行

【图像】

画面第一层中右方迎接者三人，一人站立，二人跪拜，均手执笏，为凡人。三人之前有二仙乘翼龙来，后有一无翼龙作人立状。再向左，一仙人面左，踏一圆物上，此物下部围云彩，有双翼。圆物左方二仙乘龙，上方有一仙人飞起，其下为云纹。云纹左方有一云车，三条翼龙拉之，御者为一仙人，手揪龙尾，乘者为一女仙，当为西王母。车盖作龙形，饰云纹，后有带翼仙童，或揪龙尾，或拉车尾。

2. 风雨雷神出行

【图像】

图像第二层中，雷神车在左，无盖，云彩作轮，上立两鼓。雷神着女装，似戴五梁冠，面目狰狞，手拿一槌擂鼓。车后有神人坐云座上，张大嘴吹气，当为风伯，正吹气成风，身旁有两个小仙人。车前有五力士，用两根粗绳拉云车前进，还有一仙人两手推一力士。五力士前有两神人，一人左手前伸，右手提一长颈高圈足壶；另一女神双手倾倒水罐，应是正在施雨的雨师。其前方有一双头龙，身体拱成门形。还有一女神，一手操鞭一手持笏，鞭子或是闪电的形象化，甩鞭发出的爆裂音，意味着炸雷。龙门附近三神仙，手执锤凿，锤凿碰击产生的火花就是闪电光。龙门下，一人跪地叩头，一神人正凿击其头颅。右方二人，张手作欢呼状。其上为云纹，再上为一仙人，手捧一碗，或为神人送饭。空处填有云纹，云中伸出鸟头、人头、兽头。

3. 方相氏除妖

【图像】

图像第三层中右侧熊兽体态勇猛凶悍，力大无比。一手执戈，一手执剑，足踏钩镶和矛，头顶弩弓，同时操守五种兵器。方相氏面目狰狞可怖，对各种妖魔鬼怪具有震慑作用。右方一“妖魔”手举小孩正欲吞噬，左边“妖魔”一手执剑，一手握钩镶，正与方相氏搏击。后有多“怪兽”赶来援助。

【图义】

《周礼·夏官·方相氏》：“方相氏掌蒙熊皮，黄金四目，玄衣朱裳，执戈扬盾，帅百隶而时难，以索室驱疫。”方相氏披着熊皮，带着黄金铸造的四个眼的面具，上穿黑衣下穿红裤，持戈举盾，率领群隶四季行傩法，以搜索室内的疫鬼加以驱除。方相氏是周礼规定的司马的下属，最高官阶为下大夫。宫廷里，方相氏驱疫的仪式叫大傩，唐朝则成为军礼之一，隶属太卜属。大傩每年有三次，分别于季春、仲秋、季冬。除夕夜逐疫是最隆重的一次。葬礼时，方相氏则驱方良（阴司里专吃鬼的牛头恶神）。

【评述】

方相氏大傩仪式的原始意义在于驱疫逐鬼、护佑人间平安。后由宫廷到民间，由单纯的驱疫逐鬼演变为祈求平安的娱乐活动，作为一种民俗传承下来。我们应该剔除它的迷信成分，汲取它收慑人心、整饬秩序、招福纳祥的积极意义，转化为人类战胜疾病与自然灾难的新力量。

4. 狩猎

【图像】

最右方一人骑马，面左，其前一人肩扛一头野牛，另一手与前面一人共抬一只老虎。再往前，一人肩扛一虎，另一手与后面的人共抬一虎。抬虎二人中间上方有一人弯腰伸双手，下方有两只猎狗。扛虎者之前有一大力士拔树。力士左方有一人伸手去拉一头牛的尾巴；另有一人手牵一物，并试图用另一手提起前方一只小野猪。最左方有两三人，已剥蚀不清，空处填以树丛。有榜两处均无题。

【图义】

这是一幅既写实又富有浪漫色彩的狩猎图。狩猎是人类最早掌握的谋生技能之一，随着人类文明的发展，狩猎逐渐地具有了娱乐、军事、体育等多重性质，成为习武练兵、强身健体、振奋精神、谋取收获的一项集体性的综合运动。《周礼》中记载君王四季田猎，分别称作春蒐、夏苗、秋狝、冬狩，作为礼仪的田猎被后来的统治者沿袭了下来。

在战国之前，狩猎是军事大典，为练兵的综合演习。随着军事战术的变化，狩猎不再作为阅军的大典，而变成帝王的娱乐活动，汉武帝刘彻就喜欢狩猎。渐渐地，狩猎从帝王蔓延到世家大族。这幅狩猎图，就刻画了武氏狩猎的场面，呈现出一派欢庆、热烈、丰盈的活动景象。

三、屋顶后坡东段画像

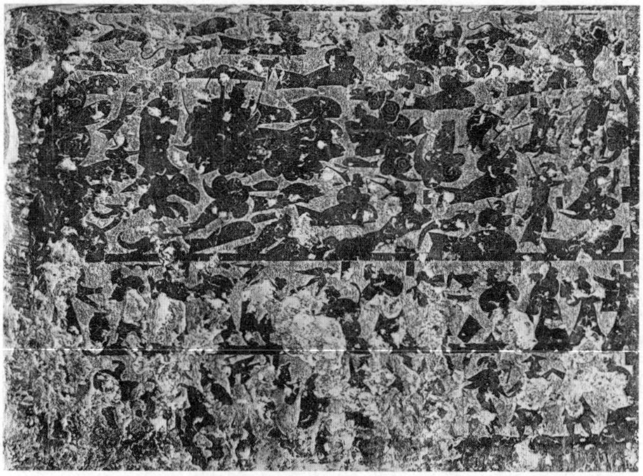

图 6-24

画像石高148厘米，宽167.5厘米，厚23厘米，右边缘半卯，左边残，可见到一卯的痕迹，背刻瓦垄。左、下两边残。画面分三层：第一层刻海神出战图，第二层刻人物画像，第三层刻人物和神话故事。（见图6-24）

1. 海神出战

【图像】

一支水族队伍自左向右前进。左方一辆主车，有四维，由三条鱼拉车。车轮下有云。车主人执便面，头戴斜顶高冠，似为海神。其后坐一人，当为御者，头部不清。车后有人执笏躬身相送，其后有四条鱼和一个骑鱼持戟的人。车前一人执笏跪迎。车下方有七八条鱼。左下方有两个双尾仙人。车上方有一仙人飞翔，两条龙，两个荷棨戟的骑鱼人。此前方有两鱼和一个骑鱼、手持剑盾的人，人前有鱼、龙和一个手持剑盾的蟾蜍。蟾蜍下方有一条鱼作人立，有手和足，手执剑、盾，鱼人后又一蟾蜍手执长戟。蟾蜍后一乌龟手持长矛，乌龟后一人骑鱼，一条兔头鱼驾云。海神车前跪拜者下方有两个肩扛棨戟的骑鱼人。此二人前方，又有两骑鱼人，一个手持剑、盾，一个手持剑、戟。二人中间一条鲇鱼。其前方有一条鱼，人头有手足，直立，手拿剑盾。其前方有一条鱼骑鱼，手拿盾和短剑。其下一鱼。

【图义】

古人用丰富的想象力创造出许多神灵：山有山神，水有水神，浩瀚无际的大海当然也有海神。这幅海神出战图中全体水族兵将执戈扬矛，浩浩荡荡席卷前方，所表现的可能就是秦始皇梦中与海神搏斗的虚幻画面。

这幅画面通过丰富奇特的想象和拟人化的创作手法，烘托出紧张的作战气氛，显示出攻无不克、战无不胜的强大阵势和力量。

【评述】

面对浩瀚无垠、波涛汹涌的大海，古人将想象加诸自然，并赋予其一定的人性、礼仪，如三鱼驾车、乌龟执矛、蟾蜍执剑等，又如冠服者执简相送、执简相迎等，体现了古人丰富的想象力，反映了古人天人合一的观念。

2. 人物画像

【图像】

图中十二人。左边二人面向坛，一人伸手向坛，似欲取物。左边第三、四人亦面向坛，作说话状。中间一组四人，左边一人持斧，因石面剥落，不知所劈何物。其前跪一人，好像被蛇缠住，蛇尾上翘。其右一人以手揪住蛇尾。其后一人肩扛一物，似来帮忙。此人右方一妇人手执长杵，正欲捣臼。斜立旁有两只鸡，准备前来啄食地上的米。妇人后面，有三人立，作说话状。

3. 人物和神话故事

图像剥蚀严重，画面十二人，身穿长衣。有的戴斜顶高冠，有的戴斗笠，有的肩生四翼，有的手执槌，有的手执耜。其余皆不清。

第七章　其他画像石

这里说的其他画像石，是指武氏祠内除武梁祠、前石室、左石室之外，在武氏家族墓地及其附近发现的汉画像石。

一、蔡题一石

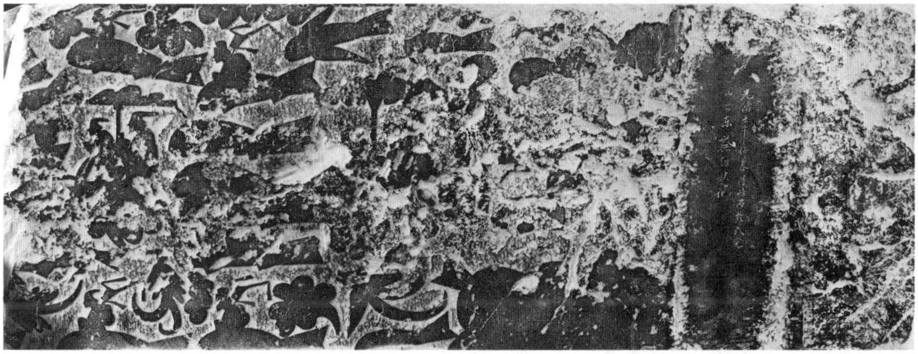

图 7—1

画像石高 60 厘米，宽 153 厘米，厚 18 厘米，背刻瓦垄，右有蔡仞秋题字。画面刻海神出行图。（见图 7—1）

【图像】

画面中心有一辆四鱼拉的车。向左行进，车子部分已剥落，仅车盖隐约可见。四鱼之前有一辆轺车，车上坐二人，拉车的鱼仅见尾部。此车上方有一人骑鱼，肩扛棨戟，其后还有一人骑鱼肩戟。骑鱼人后面有两条飞鱼。鱼车下方有两个肩扛棨戟的骑鱼人，后面有一条鱼。间隙中有兽首鸟翼双蛇尾怪物。右方还有一些鱼，杂乱地刻画在一起。画右有清朝人题字："光绪壬午仲春，得此石于武宅山之东。蔡纫秋记。"

【图义】

参见第六章第六节"海神出战"。

二、祭品

图 7–2

画像石高 49 厘米，宽 132 厘米，厚 23 厘米，横长方形，两端残。刻祭品图。（见图 7–2）

【图像】

两个圆盘各放一只鸡，鸡嘴相向。两只耳杯各放一条鱼。石上有一圆孔。直径 12 厘米，当为插柱处。石面空白处以斜线纹作底。

【图义】

祭祀，是一种源于天地和谐共生的人类信仰活动。人类最原始的信仰有两种：一是天地信仰，二是祖先信仰。这些信仰产生于人类初期对自然界以及祖先的崇拜，并由此产生了各种祭祀活动。春节、端午节、清明节、重阳节等皆由祭祀天地神灵、祖先的活动演变而来。

祭祀神灵，是要献出祭品的。对不同的神灵祭品也有不同，最初的祭祀以献食为主。《礼记·礼运》就说“夫礼之初，始诸饮食。”在诸多食物中，又以肉食为最。古代用于祭祀的肉食动物叫“牺牲”，指马、牛、羊、鸡、犬、豕等，其中最常用的是牛羊豕“三牲”。鱼、兔、野味也常用于祭祀。作为祭品的食物除肉类之外，还有五谷，称“粢盛”。新鲜的果品蔬菜在民间祭祀中也是常用的祭品。另外，酒、玉、帛也是祭祀神灵的常用祭品。《左传·庄公十年》就说：“牺牲玉帛，弗敢加也。”此外，还有非常残忍的“人祭”等。此图像的祭品鸡和鱼，都是最常用的祭品。

【评述】

中华民族有着重视祭祀的传统。《左传》说：“国之大事，在祀与戎。”（《左传·成公十三年》）一个国家最大的事情，莫过于祭祀和战争。中华民族的祭祀活动从三皇五帝就有，传至今天仍有它的价值。祭祀先祖、祭祀中华民族的卓越贡献者，是弘扬中华优秀传统文化的方式之一，有利于家风和民族精神的传承。当然，我们对传统的祭祀不能照搬，要结合时代特点进行必要的改进。

三、蔡题二石

画像石高 81 厘米，宽 178 厘米，厚 21 厘米，背刻瓦垄，左右边条一卯，右有蔡寿生题字。画面分两层：第一层刻西王母神话故事图，第二层刻云纹图。画面左侧有清朝人题字："光绪壬午年十二月九日，同长洲龚曾复得此石，即移祠内，以公同好。蔡寿生又识。"（见图7–3）

图 7–3

【图像】

第一层左方是人间。刻一辆车，系四维，三马驾辕，车上一御者。车主站在车后，头戴斜顶高冠，手举物似符，面向右。其面前有两人执棨戟，一人回首向车主，一人仰首看天。画左方有两匹马，面向右，和三匹马对面立。上面有云纹，云纹中有几个仙人的头部和兽头。执棨戟者上方有一肩生双翼的仙人俯身飞翔。

画面右方刻天上世界，云彩弥漫。西王母正面端坐，左旁一人头戴斜顶高冠，双手捧一物似长方盒，递向西王母。后有两个肩生双翼的小仙人，一朵云纹。云纹中露出一仙人头，还有一仙人俯身飞翔。西王母下方有一些云纹。云纹下有两个肩生双翅的小仙人，一个双腿作双尾，一个单尾。左边一堆云纹上站立一只鸟。整个画像刻画的似乎是祠堂主人想象的死后升仙拜会西王母的场景。

四、祥瑞图

图 7–4

画像石高 111 厘米，宽 110 厘米，厚 23 厘米，背刻瓦垄，残石。画面分三层：第一层刻毕方鸟，第二层刻比目鱼，第三层刻驺虞等。（见图 7–4）

1. 毕方

【图像】

左边有一鸟，隶书一榜，题字为："有鸟如鹤……白喙若……其鸣自……有勤矣。"鸟右方有一人站立，双手抬起，头部已残。（见

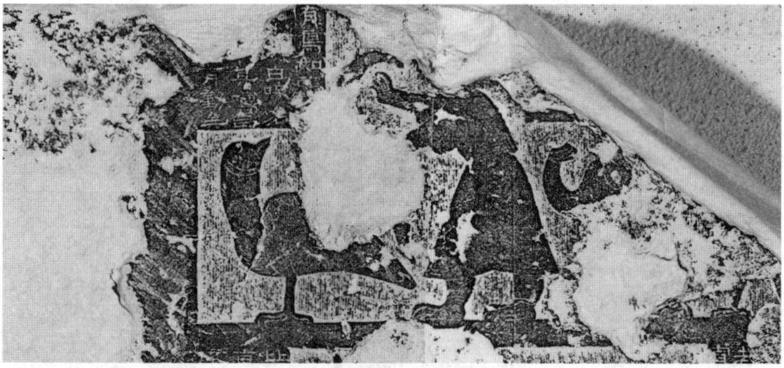

图 7–5

图 7–5）

【图义】

关于毕方的记载，见于《山海经 · 西山经》：“有鸟焉，其状如鹤，一足，赤文青质而白喙，名曰毕方，其鸣自叫也，见则其邑有讹火。”有一种鸟，形状像鹤，只有一只脚，身上有红色的斑纹，羽毛是青色的，嘴巴是白色的，此鸟的名字叫毕方，它的鸣叫就是它自己名字的发音，此鸟出现的地方就会发生来源不明的火灾。

据说毕方是火神，不食谷物，喜吞吃火焰，它的出现预示着大火。传说毕方从天帝那里偷得火种送到人间，后来，毕方被视为火神的侍从。

2. 比目鱼

【图像】

左方二鱼并行，两首同身，尾部残。榜题：“比目鱼，王者惠广明，无不通则至矣。”比目鱼上方，似有一龙。龙右方有榜题及两兽，因残缺过甚，看不出为何物。（见图 7–6）

【图义】

见第四章第五节“比目鱼”。

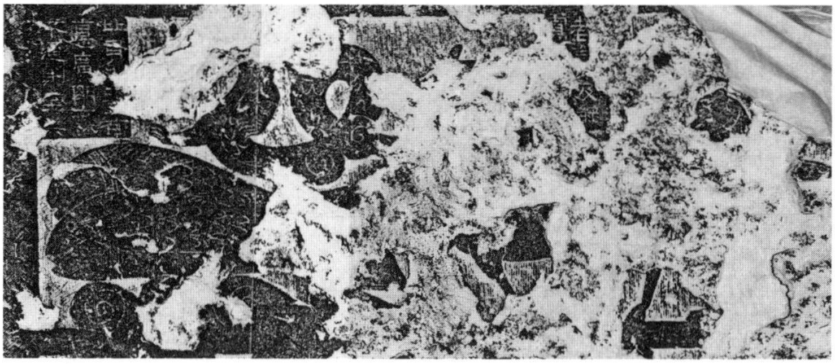

图 7-6

【评述】

此处所描绘的与我们通常意义上的比目鱼不同。《宋书·符瑞志》记："比目鱼，王者德及幽隐则见。"以比目鱼的出现寓意贤良君主造福于民。

3. 驺虞

【图像】

左方一榜题："有兽□□，白身长□，□□□□，□□法□□□，则舍其尾，□之则民殃矣。"中一榜题："有兽……吉……。"右一榜题"……曰姓……"，画面剥蚀严重。左方有兽，似虎有长尾，可能是驺虞。中央和右方的兽看不清，只见有云纹和鸟头。（见图 7-7）

图 7-7

【图义】

《山海经·海内北经》记载："林氏国有珍兽，大若虎，五采毕具，尾长于身，名曰驺吾，乘之日行千里。"驺吾，即驺虞。驺虞是中国古代神话传说中的仁兽，传说它是一种虎躯猊首、白毛黑纹、尾巴很长的动物。生性仁慈，连青草也不忍心践踏，不是自然死亡的生物不吃。

五、武氏祠东北墓间画像

图 7–8

画像石高 64 厘米，宽 61 厘米，厚 44.5 厘米，是转角石，左侧面为花纹。画面分三层：第一层刻车骑，第二层刻六博，第三层为骑者。（见图 7–8）

第一、三层在前文中已多次提到，在此不再赘述。第二层中间似刻二人六博，但博具和右方的人均模糊不清。左方博者身后有四人并排而坐，像在吹奏乐器。六博，又作陆博，是中国古代民间一种掷采行棋的博戏类游戏，因使用六根博箸所以称为六博，以吃子为胜，是早期的兵种棋戏。六博在汉代流行，出土汉俑中即有二人对坐六博者。

六、蔡题三石，三角隔梁石

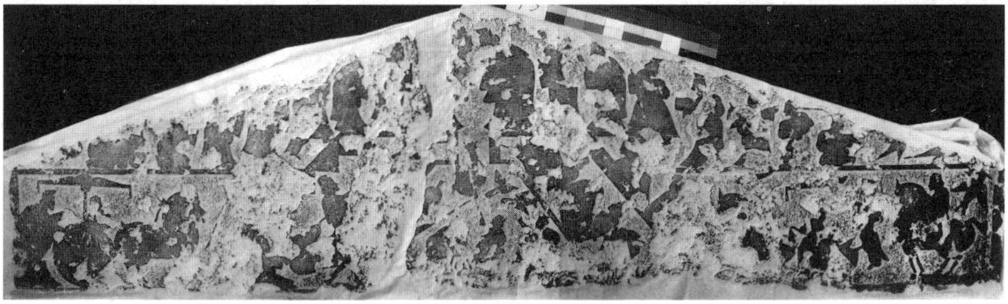

图 7–9

画像石高 58 厘米，宽 220 厘米，厚 19 厘米，两肩有榫，右有蔡寿生题字。两面有画：正面两层，上层刻泗水捞鼎图，下层刻车骑；背面刻水陆攻战图。（见图 7–9）

1. 泗水捞鼎

【图像】

图分上、下两部分。上部十六人。左边八人面向右，右边八人面向左，均头戴斜顶高冠，手上大多拿有竹简，为官员和随从。右方最后一人跪。跪者后面有两只鸟。左方最后一人匍匐于地。第二人跪。下部河岸两边各四人，共曳一绳。河面上鼎已升出，鼎中伸出龙头把绳咬断。有三只飞鸟在鼎旁飞。水面上有小船，上有二人，一人用篙顶住鼎，一人执桨仰首观鼎，一人用罩罩鱼。右方还有一人抬头观鼎。

【图义】

见第六章第二节“泗水捞鼎图”。

2. 水陆攻战图

【图像】

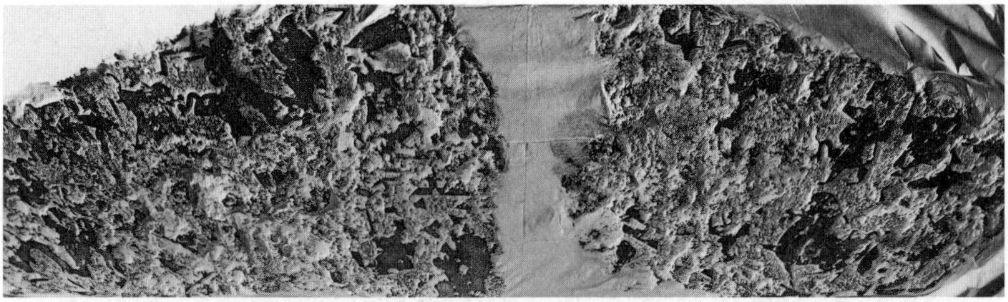

图 7-10

画面剥落严重，从残存部分看，似为攻战图。其人物有的乘车，有的骑马，有的为步卒，分别持剑、钩镶、盾、戈等兵器。右端露一马头，左端露一马的后部，以表现其战场之广阔。最左边有清代蔡寿生的题记。（见图 7-10）

【图义】

参见第五章第一节“水陆攻战图”。

二、武氏祠南道旁画像

画像石高 67 厘米，宽 155 厘米，厚 15 厘米，背刻瓦垄，左残。画面为狩猎图。（见图 7-11）

【图像】

左方为狩猎者，右方为各种禽兽。左方上层为六个骑鹿者，向右前进。

图 7–11

前两者肩上扛长矛，后四人肩上扛棨戟。其后残余一鹿前部。左方中层左端刻三鹿拉车，但只见车轮。三鹿拉车前面有兽拉轺车一辆，上乘二人，主人带斜顶高冠。此车前有四骑者，两两并列前进。前二骑者肩上扛长矛，后二骑者肩上扛戟。左方下层刻六个骑鹿人，当中四骑两两并列前进，一前一后为单骑行进。前三人中，二人肩上扛戟，后三人均肩上扛棨戟。六骑之后还有一骑，只见兽的头部及前肢。六骑之前有一人肩上扛戟。画面右方交错地刻许多禽兽。上方一人，骑鹿肩戟。其前方有一只飞鸟，飞鸟右上方有一条龙，飞鸟和龙下面有两只熊立行。两只熊后面有一只奔跑的兽，两只熊下面刻两只飞鸟和云纹。两只飞鸟的后面是云纹，两只飞鸟的下面有一只奔跑的野猪和一只奔跑的兽。其下面还有一头奔跑的野猪和一匹奔跑的小马。小马后面有一只奔跑的兽。小马和兽下方有两个圆土堆，一土堆上有鸟停立。

左方车辆和骑鹿者之间空白处，还有两个长发带翅、长双尾的小仙人。

【图义】

参见第六章第六节“狩猎”。

三、搏击图

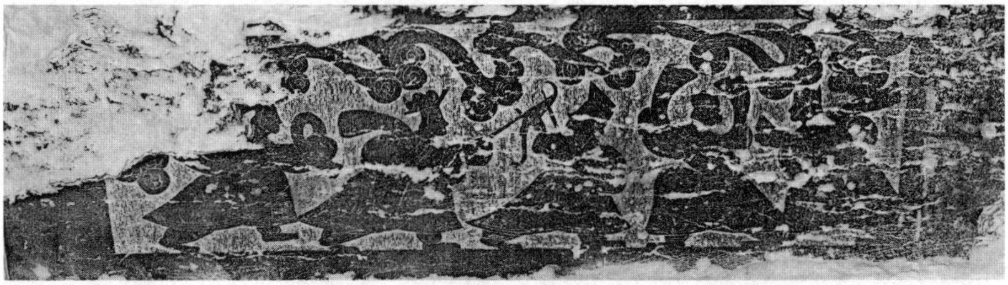

图 7–12

画像石高 24 厘米，宽 100 厘米。横长方形，左端残缺。上刻云纹，中刻搏击图。（见图 7–12）

【图像】

一个男子手执钩镶、短剑和一个头戴五梁华冠手执剑的女子正在格斗。执剑女子身后一女子正挥长袖起舞。执钩镶男子后方有两男子也挥舞长袖起舞。

【图义】

汉代是搏击术大发展的时期，在宫廷的酒宴中常出现剑舞、刀舞、双戟舞等单人的、对练的或集体舞练的运动。徒手的拳术表演和比赛也深受统治者重视。汉代还通过“试弃”（拳技的考试）选拔武职人员。后汉名将甘延寿就是通过“试弃”，被选用为“期门”军职的。这一时期的搏击术著述也明显增多，仅《汉书 · 艺文志》就收录《剑道》38 篇，《手博》6 篇。

搏击的流行表现出汉朝民众拼搏向上、积极进取的精神，尤其是图中的女子不让须眉，更值得赞赏。而搏击与歌舞刻画在一起，说明搏击在汉朝已是一种娱乐方式。

四、何馈画像

图 7–13

画像石高 61.5 厘米，宽 53 厘米，厚度不详，横长方形，左端残。石为清朝同治年间所得，画面右上方有清人陈锦志题字：“新出土第二石，为轩辕华所藏。光绪庚辰四月丁容江增入。陈锦志。”民国早年流散国外。画面分两层：第一层刻孔子遇丈人，第二层刻柳下惠、赵氏孤儿的故事。（见图 7–13）

1. 孔子遇丈人

【图像】

图像描绘的是孔子击磬的故事。画上一座两柱房屋，屋里一木架，架上悬着七枚磬。磬右边孔子面向磬跪坐，右手执棍，正在击磬。他的背上方有一榜题“孔子”。他面前磬架下有二人匍匐在地，拜见孔子。磬架上方有二人正面坐。两柱外面各有一人站立，面向屋内。屋顶上左边有一只猴，右边有一只猫头鹰。房屋左方有一位身躯高大的人双手捧钵，是何馈（荷蒉）丈人。榜题描绘的是《论语·微子》中记载的孔子遇丈人的故事。

【图义】

《论语·微子》与《史记·孔子世家》中都记载了孔子遇见荷蒉者的故事。

整个图像描绘了是孔子遇见荷蒉的故事。孔子是抱着礼乐治世、劝政归仁的信念周游列国。《论语·宪问》记载：“子击磬于卫，有荷蒉而过孔氏之门者，曰：‘有心哉，击磬乎！’既而曰：‘鄙哉，硁硁乎！莫己知也，斯己而已矣。深则厉，浅则揭。’”意思是说，你这敲磬的人，心情太急切、太固执了。大势所趋，不可抗拒，不如听之任之，顺其而流，千万不可一意孤行。这反映了荷蒉“无为而治”的思想倾向，与孔子理念不同。

榜题反映的是荷莜丈人与子路的另一段遭遇。该故事记述于《论语·微子》：“子路从而后，遇丈人，以杖荷莜。子路问曰：‘子见夫子乎？’丈人曰：‘四体不勤，五谷不分，孰为夫子？’植其杖而芸。子路拱而立。止子路宿，杀鸡为黍而食之，见其二子焉。明日，子路行以告。子曰：‘隐者也。’使子路反见之。至，则行矣。子路曰：‘不仕无义。长幼之节，不可废也；君臣之义，如之何其废之？欲洁其身，而乱大伦。君子之仕也，行其义也。道之不行，已知之矣。’”

子路跟随孔子出行，落在了后面，遇到一个用杖挑着除草工具的老人，子路问道：“您看到我老师了吗？”老丈说：“（有一帮人打这路过，）四肢不劳动，五谷分不清。其中谁是你的老师呢？”说完，便继续劳作。子路拱手恭敬地站着。老人便留子路吃饭、住宿，并与家中儿子相见。第二天，子路追上孔子，报告了老师。孔子说：“好一位隐士。”让子路返程拜会。子路回到那里，他却出门了。子路于是说：“不做官是不义的。长幼间的礼节，不可废弃；君臣间的道义，又怎么可以废弃呢？本想洁身自好，却混淆了君臣这一最大伦常关系。君子出来做官，是为了实践君臣大义。至于大道行不通，其实早就知道。”

【评述】

从当时一些隐者对孔子的批评中，我们既看到了孔子当时不为人所了解的处境，也看到了孔子积极入世，为推行仁道、建立理想社会不懈努力的执着精神。尽管这些隐者的思想与孔子的理想追求根本不同，甚至对孔子做了批评和讥笑，但孔子不但没有恼怒气愤，还想与他们交谈沟通，可见孔子“人不知而不愠”的君子胸怀。

2. 柳下惠坐怀不乱

【图像】

一棵大树下一戴斜顶高冠的男子，将一头戴五梁华冠的女子抱在怀中。男子背后一棍，棍上放着一件衣服。树冠右旁刻一熊。男子左上榜题“柳下惠”。

【图义】

柳下惠，春秋时鲁国人，展氏，名获，字禽。食邑柳下，谥为惠，故又称柳下惠，以讲究礼节著称。

柳下惠坐怀不乱的典故有两个版本：第一种说法是寒夜柳下惠为了给瑟瑟发抖的女子取暖，就把衣服给了她，还让女子坐于怀中，两人没发生任何越轨的事情。第二种说法是柳下惠途遇大雨，想进古庙暂避，但见一女子正在里面拧湿透的衣服，柳下惠急忙退出，坐于古槐之下，任暴雨浇注，因此才有了坐怀（槐）不乱的美谈。

3. 赵氏孤儿

【图像】

图像中刻有一座两柱房屋，但只见右柱，屋内一妇人坐于榻上，抱一婴儿，背后一榜无题字。屋柱右旁一男子头戴高冠跪坐，面向屋内。其前一榜题“公孙杵臼”，“公孙”二字已剥落。上方空白处刻一兽头和长尾的飞鸟。右方榜题：“程婴、杵臼，赵朔家臣，下宫之难，赵武始娠，屠颜购孤，诈抱他人，臼与并殪，婴辅武存。”左方画缺，无程婴画像。

【图义】

参见第六章第六节“赵氏孤儿”。

后 记

汉画像石刻是汉代墓室、墓地祠堂以及地面石阙等建筑物石质构件上的石刻画像，有着深厚的艺术魅力和文化意蕴，是汉代最具代表性的艺术作品。武氏墓群石刻，俗称武氏祠，是国务院公布的第一批全国重点文物保护单位，其画像题材之广泛、思想之深邃、雕刻之精美，居全国首位。画像内容生动形象地反映了汉代及之前的政治、经济、文化、社会诸多方面的状况，其思想内涵体现了仁政德治的从政理念、以德为先的人格要求和领先、丰硕的文明成果，是进行中国文明史和中华优秀传统文化教育的绝佳教材。

关于武氏祠汉画像的著录和研究，自宋代就有，近现代以来引起国际上的关注，出版了许多研究著述，但作为干部政德教育的辅助教材，原有著述的时代性、实践性尚有不足。为此，我们编撰了《武氏祠汉画像诠释》这本书，并在编撰此书时着重体现以下几点：

第一，强调政治性。本书的编写，以习近平新时代中国特色社会主义思想为指导，坚持“创造性转化、创新性发展”两创方针，围绕“四个讲清楚”要求，剔除了部分不适于当代的内容，着力阐发画像的思想内涵、当代价值及教育意义。

第二，突出层次性。在整个石刻画像中，把原来被忽视的石阙画像单列成章，确立它在整个画像中的纲领地位。在祠堂画像中，突出了有代表性的武梁祠画像，在整本书七章中占据三章。在图像选录中，详介有重要意义的图像，简介一般意义的图像，舍弃价值不大的图像。

第三，注重规范性。全书采用章节结构，章下设节，节下设目，目下为具体图像，每幅图像一般按图像、图义、评述三部分进行解读。章节按实物原址顺序排列，石阙是墓地的大门，因此把阙室石刻放在最前面；三个祠堂中武梁祠发现最早也最完整，前石室、左石室都是以武梁祠为基准确定的名字，因此按武梁祠画像、前石室画像、左石室画像的顺序依次排列；其他画像放在最后。

编撰此书，我们认真汲取了原有武氏祠汉画像研究著述中的研究成果，查阅了大量资料并进行了深入研究，力求在反映全貌的基础上实现创造性转化。在编撰过程中，得到了中共嘉祥县委组织部、中共嘉祥县委党校、嘉祥县干部政德教育培训中心、嘉祥县旅游文物中心和曾子研究院等单位和有关人士的大力支持、协助，在此向原有武氏祠汉画像研究著作的作者以及在编撰此书过程中给予支持、协助的单位和个人表示感谢！

由于能力水平所限，疏漏、错误之处在所难免，恳请专家、读者批评指正。

编　者

二〇二〇年十月